太极图通书
阴符经

全译

李　申　译注

巴蜀书社

图书在版编目（CIP）数据

太极图　通书全译；阴符经全译／李申译注.
成都：巴蜀书社，2024.9． — ISBN 978-7-5531-2235-9

Ⅰ.B244.24；B223.04

中国国家版本馆 CIP 数据核字第 20240MR994 号

TAIJITU TONGSHU QUANYI
太极图　通书全译
YINFUJING QUANYI
阴符经全译　　　　　　　　　　　　　　　　　　李　申 译注

责任编辑	杨　波
责任印制	田东洋　谷雨婷
封面设计	王　琪
出版发行	巴蜀书社
	四川省成都市锦江区三色路 238 号新华之星 A 座 36 楼
	邮编：610023　总编室电话：(028) 86361843
	发行科电话：(028) 86361852
网　　址	www.bsbook.com
印　　刷	成都蜀通印务有限责任公司
版　　次	2024 年 11 月第 1 版
印　　次	2024 年 11 月第 1 次印刷
成品尺寸	140mm×203mm
印　　张	6.25
字　　数	125 千
书　　号	ISBN 978-7-5531-2235-9
定　　价	48.00 元

本书如有印装质量问题，请联系工厂调换

第一版编委会

主 编

任继愈

编 委

(按姓氏笔画排序)

方立天	孔 繁	任继愈	牟钟鉴
杜继文	杨宗义	何兆武	余敦康
庞 朴	冒怀辛	段文桂	段志洪
黄 葵	萧萐父	阎 韬	楼宇烈

再版说明

中国古代哲学是中华优秀传统文化的重要组成部分，集中反映了中华民族认识世界、改造世界的过程，体现出中华民族的超群智慧和深厚文化底蕴，在新时代仍具有重要的价值和意义，充满了生机与活力。为积极弘扬中华优秀传统文化，推动中华民族现代文明建设，我们对20世纪90年代我社出版的经典哲学丛书《中国古代哲学名著全译丛书》进行修订再版，以飨读者，也是践行习近平总书记提出的文化自信的重大举措。

为方便时下读者阅读，本次再版，我们做了如下调整。

（1）对原二十四种哲学名著做了精选，保留其中二十种。

（2）对各译本内容的结构进行了优化调整，将原文、注释和译文分段对应，将原注释及译文部分的脚注放到原文之下，以便更好地发挥注释、译文、脚注等对原文阅读的辅助

作用。

（3）为体现时代发展、哲学研究发展、语言发展和新时代文化发展要求，对原版内容中的一些专业提法及语言描述等做与时俱进的优化修改。

本丛书译注者中，任继愈等几位先生虽然已经仙逝，但他们与文字永存。

本次再版，得到李申等几位先生的大力支持。在此，表示衷心感谢。再版工作的不足之处，恳请读者提出宝贵意见，以便本丛书不断臻于完善。

巴蜀书社
2023 年 6 月

原书总序

在国务院古籍出版规划统一方针指导下，我们与巴蜀书社合作，编辑了这套《中国古代哲学名著全译丛书》。

世界各民族不论大小，都对人类文明有所贡献，中华民族有五千年的历史，它对人类文明已经做出过伟大的贡献。伟大的贡献，有赖于民族思想文化的成熟。中国哲学，是中华民族思想文化成熟的标志。

五千年来，中华民族经历了无数的忧患和灾难。但是，忧患和灾难并未使它消沉，反而使它磨炼得更加坚强，在与困难和挫折的斗争中，它发展了，前进了。在前进的过程中，中华民族认识着世界，改造着世界，同时也改变着自身。

中华民族认识世界、改造世界的过程，在中国哲学中得到了集中的反映。其深闳的内容，明睿的智慧，在古代社会，和其他民族相比，都达到了极高的水平。中国哲学，在当时，无愧于自己的时代；在今天，是我们宝贵的文化遗产。随着人类社会的不断前进，随着对历史的深入剖析，中国哲学的内容和它的价值，将日益被更广大的人群所认识、所接受。

中华民族这个伟大的民族，有责任对世界文明做出更多的贡献。我们今天面临的任务，是要创造新的物质文明和新的精神文明，要完成这个历史任务，从中国古代哲学中寻求借鉴，提高广大人民的文化素养，是条必要的途径。

借鉴中国古代哲学，广大读者首先遇到的麻烦，是语言文字的障碍。本丛书的目的，就是为广大读者扫除这个障碍，使得更多的人能从中国古代的哲学著作中得到启迪，锤炼他们的智慧。

汲取前人的文化财富（包括哲学、文学、科学、艺术等），都应该直接取自原作，这是不言而喻的道理。事实上，能做到这一点的，总是少数人。所以从古到今，都有一些人在从事翻译工作。有不同文字的互译，也有古文今译。缺少这个工作，人类创造的精神产品，就不可能成为广大人民的财富。

古文今译并不是现在才有的。司马迁撰写《史记》，曾把商周的文献典籍译成当时流行的语言，树立了成功的范例，使佶屈聱牙的古代文献，被后世更多的读者所理解。古希腊哲学为后世欧洲哲学的源头，今天的欧洲人（包括今天的雅典人）了解古希腊哲学，很少有人直接阅读古希腊文原著，人们多是通过各自民族的现代译文去了解古希腊哲学，这是学术发展的趋势和方向。

任何译作（古文今译，异国语文互译）都难做到毫不走样。但我们要求本丛书的译文除了忠实于原文外，还要尽力保持原著的神韵风格。这是我们争取的目标，并希望以此和广大读者共勉。

任继愈

目 录

《太极图　通书全译》

序 …………………………………………………（ 3 ）
一、《太极图》源流考 ……………………………（ 4 ）
　1. 宋明时代的《太极图》渊源之争 …………（ 4 ）
　2. 明末清初《太极图》渊源诸说 ……………（ 13 ）
　3. 对毛、黄结论的接受和反思………………（ 17 ）
　4. 对朱震说法的反思 …………………………（ 20 ）
　5. 谁用了谁的图 ………………………………（ 21 ）
　6.《太极图》与"无中生有"说 ………………（ 30 ）
二、周敦颐与二程 ………………………………（ 35 ）
三、周敦颐哲学思想 ……………………………（ 38 ）
　1.《太极图》的哲学思想 ……………………（ 39 ）
　2.《通书》的哲学思想 ………………………（ 43 ）
太极图 ……………………………………………（ 51 ）
太极图说 …………………………………………（ 53 ）

通 书 ……………………………………………（ 56 ）
　第一章　诚　上 ………………………………（ 57 ）
　第二章　诚　下 ………………………………（ 59 ）
　第三章　诚几德 ………………………………（ 60 ）
　第四章　圣 ……………………………………（ 61 ）
　第五章　慎　动 ………………………………（ 62 ）
　第六章　道 ……………………………………（ 63 ）
　第七章　师 ……………………………………（ 64 ）
　第八章　幸 ……………………………………（ 66 ）
　第九章　思 ……………………………………（ 67 ）
　第十章　志　学 ………………………………（ 68 ）
　第十一章　顺　化 ……………………………（ 70 ）
　第十二章　治 …………………………………（ 71 ）
　第十三章　礼　乐 ……………………………（ 72 ）
　第十四章　务　实 ……………………………（ 74 ）
　第十五章　爱　敬 ……………………………（ 75 ）
　第十六章　动　静 ……………………………（ 76 ）
　第十七章　乐　上 ……………………………（ 77 ）
　第十八章　乐　中 ……………………………（ 80 ）
　第十九章　乐　下 ……………………………（ 81 ）
　第二十章　圣　学 ……………………………（ 82 ）
　第二十一章　公明章 …………………………（ 83 ）
　第二十二章　理性命 …………………………（ 84 ）

第二十三章　颜　子 ………………………（ 85 ）

第二十四章　师友上 ………………………（ 86 ）

第二十五章　师友下 ………………………（ 87 ）

第二十六章　过 ……………………………（ 88 ）

第二十七章　势 ……………………………（ 89 ）

第二十八章　文　辞 ………………………（ 90 ）

第二十九章　圣　蕴 ………………………（ 92 ）

第三十章　精　蕴 …………………………（ 93 ）

第三十一章　乾损益动 ……………………（ 94 ）

第三十二章　家人睽复无妄 ………………（ 95 ）

第三十三章　富　贵 ………………………（ 97 ）

第三十四章　陋 ……………………………（ 98 ）

第三十五章　拟　议 ………………………（ 99 ）

第三十六章　刑 ……………………………（ 100 ）

第三十七章　公 ……………………………（ 101 ）

第三十八章　孔子上 ………………………（ 102 ）

第三十九章　孔子下 ………………………（ 103 ）

第四十章　蒙　艮 …………………………（ 104 ）

《阴符经全译》

序 ································ （109）
　一、《阴符经》的历史地位 ················ （109）
　二、《阴符经》和道教的理论发展 ············ （117）
　三、天与人 ························· （124）
　四、盗天地之机 ······················ （131）
　五、道与机 ························· （136）
　六、《阴符经》和中国古代科学 ············· （138）
　七、历代《阴符经》注 ·················· （145）
　八、《阴符经》的作者和时代 ··············· （153）
上　篇 ····························· （156）
中　篇 ····························· （162）
下　篇 ····························· （167）
校　序 ····························· （179）

佚　文 …………………………………………（181）
后　记 …………………………………………（182）

太极图　通书全译

序

周敦颐,原名敦实,为避宋英宗旧讳,改为敦颐,字茂叔,道州营道县(今湖南道县)人,生于宋真宗天禧元年(1017),卒于神宗熙宁六年(1073),终年57岁。他曾在庐山下建书堂,堂前有溪,发源于庐山莲花峰,因其家乡有濂溪,就把书堂叫作濂溪书堂,后人也称他为濂溪先生。

周敦颐终身只担任过地方小官,清廉自守。在世时曾讲学著述,逝世后逐渐受到学者的重视。苏轼、黄庭坚曾私淑周敦颐。朱熹认定周敦颐是二程之师,并奉其为宋明理学的创始人。实际上,周敦颐与二程兄弟虽然相识,却不曾有过直接授业的师生关系。

周敦颐去世后,家乡道州曾在南宋绍兴年间为他建祠,享受祭祀。后来,经过朱熹的推崇和表彰,江州(今江西九江)以及各地的学校相继为周敦颐建祠,并由二程、朱熹配享,称

四先生祠。

由于朱熹一派学人建立的道统说,周敦颐的学术地位被步步抬高。嘉定十三年(1220),宋宁宗钦赐谥号"元公"。宋理宗淳祐元年(1241),追封汝南伯,从祀孔子庙庭。后来又和二程等人一起,由"先儒"升格为"先贤",在从祀行列中,排在汉、唐诸儒之上,获得了封建社会中儒者所能得到的最高荣誉。

据潘兴嗣《濂溪先生墓志铭》和度正所编的《周敦颐年谱》,周的著作有《太极图》《易说》《易通》及《姤说》《同人说》等。《姤说》《同人说》是不是《易说》,或《易说》的一部分,今天已难以确定。现存周敦颐的著作,除一些诗文外,其哲学著作就是《太极图》和《通书》。《太极图》由一幅太极图和一篇《太极图说》组成,《通书》一般认为就是潘兴嗣所说的《易通》。

关于《太极图》的渊源以及周敦颐与二程的关系,历来学者多所争论。经过认真研究,本书对历史的争论也将提出自己的意见。

一、《太极图》源流考

1. 宋明时代的《太极图》渊源之争

最早提到周敦颐作《太极图》的,是潘兴嗣为周敦颐所

撰的墓志铭:

> （周敦颐）尤善谈名理，深于易学，作《太极图》《易说》《易通》数十篇、诗十卷，今藏于家。（《濂溪先生墓志铭》）

潘兴嗣是周敦颐的朋友,《墓志铭》作于周去世不久，是考察《太极图》源流的重要依据。

南宋初年，朱震对《太极图》的来源提出了新的说法。《宋史·朱震传》说:

> 陈抟以《先天图》传种放，放传穆修，穆修传李之才，之才传邵雍。放以《河图》《洛书》传李溉，溉传许坚，许坚传范谔昌，谔昌传刘牧。穆修以《太极图》传周敦颐，敦颐传程颢、程颐。

一般认为，这段话是朱震将周敦颐《太极图》献给宋高宗时所附的说明，称《进周易表》或《经筵进表》。但据《宋史·朱震传》和《宋元学案·汉上学案》，则说这段话出自朱震的《汉上易解》。

细读这段文字，朱震只把《先天图》的渊源追溯到陈抟，并没有明确说明陈抟曾通过种放把《太极图》传给穆修，穆修又传给周敦颐。稍晚于朱震的胡宏作《通书序》，其

中说道：

> 推其道学所自，或曰：传《太极图》于穆修也。传《先天图》于种放，种放传于陈抟。此殆其学之一师欤？非其至者也。

胡宏是胡安国之子，胡安国曾将朱震推荐给宋高宗。胡宏的意见，当是来自朱震。胡宏和朱震一样，也只将《太极图》渊源追溯到穆修，并未追到陈抟。胡宏还说周敦颐从种放那里得传陈抟《先天图》，可能是误听传闻。

到了南宋中期，朱震的话就被传成：周敦颐《太极图》传自陈抟。陆九渊《与朱元晦书》说：

> 朱子发（朱震）谓濂溪得《太极图》于穆伯长（穆修），伯长之传出于陈希夷（陈抟），其必有考。（《陆九渊集》卷二）

朱熹也相信了类似的说法。《朱文公文集》卷七十五《周子太极、通书后序》中朱熹自注道：

> 汉上朱震子发，言陈抟以《太极图》传种放，放传穆修，修传先生。

可见《太极图》传自陈抟的说法已得到许多学者的认可，而不管朱震的原意如何。

据《四库全书》所收朱震的《汉上易传卦图》，朱震所见的《太极图》如下（图一），朱震在图后注道："右《太极图》，周敦实茂叔传二程先生。"后人据朱震的说明，往往以为此图就是周敦颐所作图之原件，是周敦颐在仁宗朝，在未避讳改名时的作品。

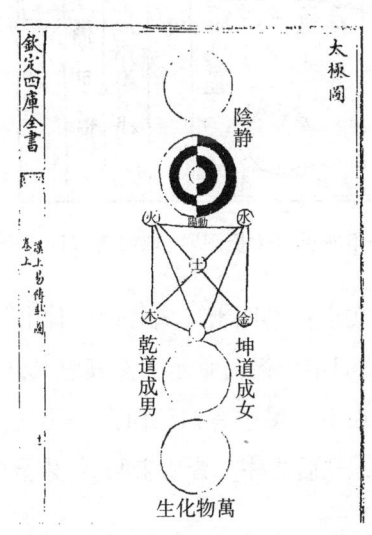

图一　朱震所见《太极图》（取编自《四库全书》）

然而在杨甲所作的《六经图》中，有一幅《易有太极图》，见后（图二），其注文也说："右《太极图》，周敦实茂叔传二程先生。"杨甲也是南宋初年人，和朱震同时，其注文和朱震注一样，无法否定这图的真实性。

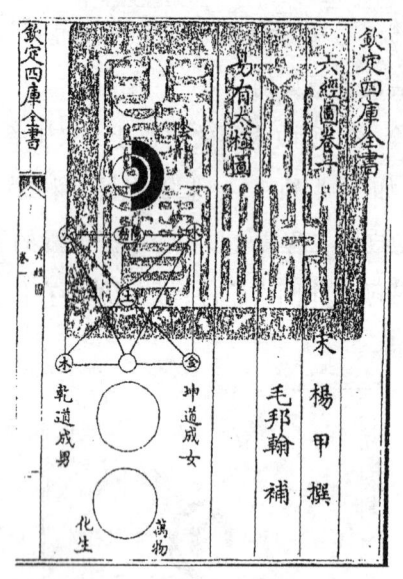

图二　杨甲所见《太极图》（取编自《四库全书》）

据《朱文公文集》卷四十二《答胡广仲书》，胡广仲在来信中说："太极图旧本，极荷垂示，然其意义终未能晓。如阴静在上，而阳动在下，黑中有白，而白中无（一本作"有"）黑。及五行相生，先后次序，皆所未明。"朱熹的答词说：

> 周子立象于前，为说于后，互相发明，平正洞达，绝无毫发可疑。面旧传图说，皆有谬误。幸其失于此者，犹或有存于彼。是以向来得以参互考正，改而正之若如所论，必以旧图为据，而曲为之说，意则巧矣。然既以第一圈为阴静，第二圈为阳动，则夫所谓太极者果安在耶。

又谓先有无阳之阴，后有兼阴之阳，则周子本说，初无此意……

从朱熹答胡广仲的信可以看出，当时流行的图式不只一种，其特点是：

①阴静在上，阳动在下。

②有的图黑中有白，而白中无黑；或是无阳之阴和兼阴之阳。

③五行顺序不分明。

于是朱熹对图进行了改正，改后的图式见后（图三）。

清初张伯行校定的正谊堂本，缺上端"无极而太极"五字，及"土"下一短竖，其他则完全一致，因此，《宋元学案》图可视为标准样式。

朱熹认真考察了图的源流。

乾道五年（1169），朱熹作《太极、通书后序》，说他怀疑朱震的说法，因为他认为周敦颐的学问不是种放、穆修所能企及的，当他看到潘兴嗣写的《墓志铭》以后，更加坚信此图乃周敦颐自己的作品：

及得志文考之，然后知其果先生之所自作，而非有所受于人者。

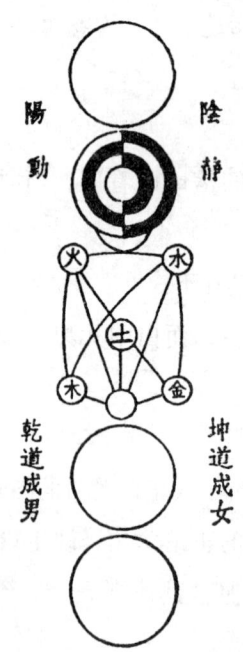

图三　通行的太极图式（取自中华书局标点本《宋元学案》）

十年以后，即淳熙六年（1179），朱熹作《再定太极、通书后序》，说：

> 按张忠定公（张咏）尝从希夷学，而其论公事之有阴阳，颇与图说意合。窃疑是说之传，固有端绪。
> 至于先生，然后得之于心，而天地万物之理，巨细幽明、高下精粗，无所不贯，于是始为此图，以发其秘尔。

这就是说，周敦颐可能通过张咏接受了陈抟某些思想，但无所不贯的天地万物之理,却是周敦颐自己体会出来,并且画成了图。

朱熹所说张咏的思想,即张咏说过,公事也有个阴阳,未处理者属阳,已处理者属阴(参见《朱子语类》卷九十三、九十四)。在朱熹看来,一部《周易》,不过是讲的阴、阳二字。张咏把阴阳概念推广到公事处理,说明他把世界上的事物都分为阴、阳两类。而《太极图》讲的也就是阴阳。朱熹还推测,张咏曾跟陈抟学过,因此,以阴阳为基础去观察一切的思想,可能来自陈抟。不过,图还是周敦颐自己作的。

淳熙十五年(1188),朱熹公布了他的《太极图解》,再次肯定道:"太极图者,濂溪先生之所作也。"(《太极图解·序》,载张伯行编《周子全书》)

朱熹就《太极图》的意义及其源泉,与陆九渊兄弟进行了反复辩论,坚决否认此图传自陈抟。

朱熹弟子度正,在编完《周敦颐年谱》后附记道:

> 或谓陈抟传种放,放传穆修,穆传先生。今种、穆所著,存于世者,古文而已,然亦未纯于理。观抟与张忠定公语,及公事先后有太极动静分阴阳之意,然其所为《龙图记》,盖直陈其数,无复文言,与《太极图说》绝不相似。
>
> 今观《太极图说》,精妙微密,与《易大传》相类。盖非为此图者不能为此说,非为此说者不能为此图。义理

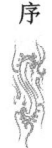

混然,出于一人之手,决非前人创图,后人从而为之说也。(度正《周敦颐年谱》)

度正从图与说的关系,断其必定出于一人之手,都应该是周敦颐自作,决非传自陈抟,也非传自穆修。度正的意见,颇值得重视。

宋代还传说,司马光的弟子晁说之曾经说过,周敦颐曾跟胡宿一起,师事润州禅僧寿涯,寿涯有偈曰:"有物先天地,无形本寂寥。能为万象主,不逐四时凋。"周敦颐就是据此作了《太极图》。此事也传到了朱熹那里,朱熹说:"今人多疑濂溪出于希夷,又云为禅学,其诸子皆学佛。"(《朱子语类》卷九十三)但朱熹对来自禅学说未加更多理会。

元代儒者刘因有《记太极图说后》,其中说道:

而或又谓周子与胡宿、邵古同事润州一浮屠而传其《易》书,此盖与谓邵氏之学因其母旧为某氏妾,藏其亡夫遗书以归邵氏者,同为浮薄不根之说也。

朱熹以后,《太极图》为周敦颐自作已成定论。所以刘因直斥一些传闻为浮薄不根之说,而不屑与之辩了。

明初,四十三代天师张宇初作《太极释》,评述《太极图》的来源道:

是图朱子（按：指朱震）谓周子得之穆伯长，穆得之于种放，放得之于陈抟。以陈抟学老氏，故陆氏辟朱子（按：指朱熹）以无极出于老氏也。而《易》曰有极，未尝言无。周子《通书》亦止言太极，明矣。然朱子以"无形"训之，亦弗畔于道矣。且考之潘志，以为周子自作无疑。

或又谓周子与胡宿、邵古同事润州一浮屠而传焉，然其说岂浮屠所知也。

张宇初作为道教一派首领，坚决反对《太极图》源于道教或佛教说。

2. 明末清初《太极图》渊源诸说

对今天影响最大的，一是毛奇龄的"《太极图》源于《真元品》"说，二是黄宗炎的"《太极图》源于陈抟刻于华山石壁之无极图"说。

毛奇龄的意见，见于他作的《太极图说遗议》，其主要意见如下：

①汉朝魏伯阳所作《周易参同契》，其中有《水火匡廓图》（图四）和《三五至精图》（图五）。

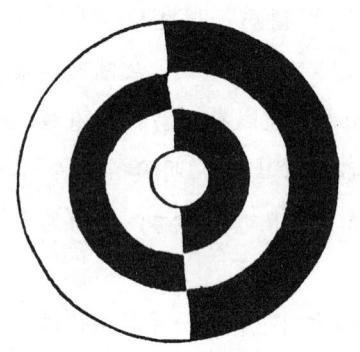 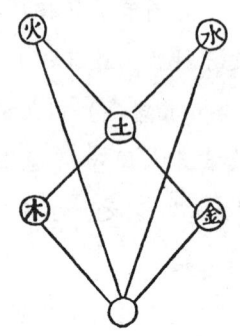

图四 《水火匡廓图》，载毛氏《太极图说遗议》

图五 《三五至精图》，载毛氏《太极图说遗议》

②隋唐时代，道士们作《上方大洞真元妙经图》（《真元品》），将《水火匡廓图》与《三五至精图》合而为一，又加上几个圆圈，作成《太极先天之图》（图六）。

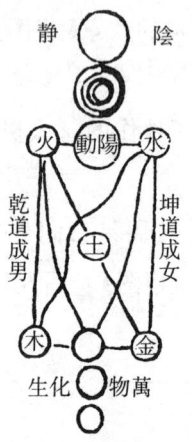

图六 《太极先天之图》（取编自《道藏》：《上方大洞真元妙经图》）

③陈抟剽窃了《真元品》的《太极先天之图》，改成《太极图》，传给了周敦颐。

《真元品》前有唐明皇的序言，所以毛奇龄断定该经出于唐代，并且认为抓住了宋代儒者剽窃道教的"真赃实据"。

大约与毛奇龄同时，黄宗炎作《图学辨惑》，其中又提出了新的说法。

据黄宗炎说，《太极图》原名《无极图》，创自河上公。后来魏伯阳得到它，著《参同契》。以后钟离权又得到它，传给吕洞宾，吕洞宾又传给陈抟，陈抟把《无极图》刻在华山石壁上，并且把它传给种放。种放传给穆修和禅僧寿涯。周敦颐从穆修那里得到《无极图》，又从和尚寿涯那里得到了《先天地偈》，颠倒了次序，改易了名称，攀附上《周易》，作为儒家的秘传。黄宗炎所说的陈抟刻于华山石壁的《无极图》如图七。

与毛奇龄、黄宗炎同时的朱彝尊作《太极图授受考》，对毛奇龄、黄宗炎兼收并蓄，一面说《太极图》来自《真元品》，一面说周敦颐是把陈抟刻在华山石壁上的《无极图》改成了《太极图》。

朱彝尊提到了一条新材料，说"东蜀卫琪注《玉清无极洞仙经》，衍有无极、太极诸图"。

当时，也有人不同意毛、黄、朱等人的结论。黄宗羲说：

而后世之异论者，谓《太极图》传自陈抟，其图刻于华山石壁，列玄牝等名，是周学出于老氏矣。又谓周子

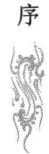

与胡文恭同师僧寿涯，是周学又出于释氏矣。此皆不食其胾而说味者也。（《宋元学案·濂溪学案》）

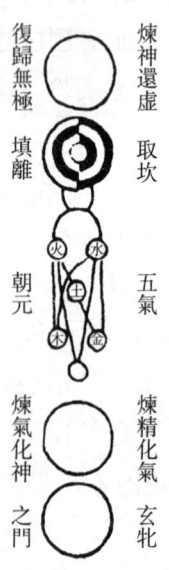

图七　黄宗炎所说陈抟刻于华山石壁的《无极图》，载黄宗炎《图学辨惑》（取编自《四库全书》）

黄宗羲之子黄百家编《宋元学案·濂溪学案》，附载了黄宗炎的《太极图辩》，他希望"后之君子或否或是"，并不就赞同黄宗炎的意见。而在《濂溪学案》之末，又以大段议论反对"谈学者动以禅学诋人"，也就是反对说周敦颐的学问来自寿涯等。

作《易图明辨》的胡渭，列举了两种对立的意见之后说：

或曰：陈抟传穆修，穆修传周子。或曰：周子所自作，而道家窃之以入藏。疑不能明，存而弗论云。(《易图明辨》卷三)

胡渭把它作为辨不清楚的问题搁置了起来。

3. 对毛、黄结论的接受和反思

由于时代的原因，毛奇龄、黄宗炎的意见未能被鉴别就流传了下来，并被现代学术界广泛接受。

现代学者中，胡适曾经注意到朱震的意见。他在1921年7月6日的日记中写道："今读穆集，无一语及陈抟，可怪。朱震之说必是瞎说。因为穆修死时（1032），周敦颐只有15岁，无传授之理。邵雍生于1011年，比周敦颐大6岁，尚且是穆的再传弟子，何况周呢？"不过，胡适的意见并没有引起学术界的很多注意。

20世纪70年代末，在任继愈先生的倡导和主持下，一批道教研究者开始编撰《道藏提要》，该书于1983年定稿，1991年由中国社会科学出版社出版。其中所谓《真元品》的提要由王卡撰写。

所谓《真元品》，实是两部经：《上方大洞真元妙经品》和《上方大洞真元妙经图》（分别简称《经品》《经图》）。王卡撰写的《提要》指出：《经品》序言及第一品是唐代作品，后二品及后叙是金人时雍的弟子所作，大约成于南宋。《经图》中引有山谷（黄庭坚）的话，提到宋真宗时始封的真武真君（即玄武神），因此，《经图》当出于北宋后，当然在周敦颐之后。在另外的时间，王卡还说过，《经图》开首说的"昔时尧民见他君而请问焉，曰：雍也敢告……"云云，"尧民"即时雍的字，取《尚书·尧典》"黎民于变时雍"的意思。因此，《经图》可能出于元代时雍弟子"子明"之手。

我们还可以举出更多的证据，证明《经图》晚出，比如《经图》中"虚无自然之图"实际是刘牧《易数钩隐图》中的《太极图》，其"道妙恍惚之图"首见于南宋杨甲所编《六经图》等，而最重要的是，号称唐明皇序言中有"欲世民归命信礼……"，犯了唐太宗的讳。唐人著作均避讳世、民二字，更不敢连写，因此，这个序言绝非唐明皇所作，而是后人的假托。那么，《经品》第一品是否作于唐代，也大可怀疑。这样，毛奇龄所视为"真赃实据"的根据，实际上是完全不可靠的。所谓《真元品》，不仅不属于隋唐时代，而且是出于宋代周敦颐之后，至少其中的《经图》，绝对出于周敦颐之后，说周敦颐《太极图》源于《经图》中的《太极先天之图》，是完全靠不住的。

毛奇龄还说，彭晓注《周易参同契》中有《水火匡廓图》《三五至精图》等。现存明《正统道藏》中，有彭晓的注本，却并没有这些图。现存的各种《周易参同契》版本，也没有这些图。毛奇龄的这条根据也是靠不住的。

至于黄宗炎所说的《太极图》授受系统，近乎神话。河上公、钟离权、吕洞宾都是神话或半神话式的人物，所说的授受系统，不足以作为根据。

而且在黄宗炎之前、陈抟以后，六百年间，没有一个人这样说过，黄宗炎这种没有根据的轻率说法，又怎么能够认真对待呢？

黄宗炎说法中的关键，是陈抟曾在华山石壁上刻《无极图》。陈抟在宋代是个著名人物。宋人的笔记常常提到他。若果有此事，宋代人不可能一字不提。关于《太极图》渊源，是南宋学术界的大事。两位学界巨子朱熹和陆九渊为此反复争论，以致伤和。当时华山在金治下，金文坛领袖赵秉文数次到华山，凭吊陈抟，留诗作文，也无一句话说到石壁上有什么《无极图》。元代张辂，做晋宁河中府幕僚，地近华山，仰慕陈抟，作《太华希夷志》，旁搜博引，几乎是有闻必录，也无一语说及《无极图》事。此后数百年间，华山是游人如云的地方，不是人迹罕到的偏山野岭，陈抟不仅在宋代广有影响，后代也引人注目，为何无一人看到他在石壁上刻的《无极图》，也无一人谈过此事呢？

黄宗炎所说的《太极图》授受系统，无法令人相信。

至于来自寿涯，前人已多所评论，确是"浮薄不根之说"，这里不再驳斥。有兴趣的读者可参看度正所撰《周敦颐年谱》中对此事的评说。

毛奇龄说，当时还有个和尚告诉他，说太极本于禅宗，"《太极图》即唐圭峰之十重图"（《西河集》卷十八《复冯山公论太极图说、古文尚书冤词书》）。圭峰（宗密）十重图今天还在,实在看不出它和周氏《太极图》有什么源流关系。

这些情况说明,明末清初,确有不少人,从儒者到僧人,都企图在佛、道二家之中,找寻《太极图》的渊源,然而,他们所找到的根据,却没有一个是靠得住的。

关于《太极图》渊源的诸多传说,其根源还在宋代朱震。那么,朱震到底说了些什么呢?

4. 对朱震说法的反思

数百年来,从朱熹、陆九渊开始,都认为朱震首先说了《太极图》源自陈抟。但细审朱震的《进周易表》和《宋史本传》及《宋元学案》所载,朱震只把《太极图》上溯到穆修为止,却未明说源自陈抟。把《太极图》也上溯到陈抟,乃是后人的理解。

《宋明理学史》也注意到了这个问题,说:"据朱震的论述……太极图则由穆修而传周敦颐,未提是否传自陈抟。"①"据胡宏的论述……太极图由穆修而传周敦颐,也未提是否传自陈抟。"《宋明理学史》说,在"经过分析"以后,"大体可以肯定"《太极图》不是周敦颐的创造,"而是传自陈抟"。② 用作分析的根据,主要是朱熹曾"明言"传自陈抟。实则,朱熹的"明言"也是转述了传言的朱震说。《太极图》传自陈抟,不过是当时广泛流行的传说,可惜朱熹未能细审朱

---

① 《宋明理学史》上卷,人民出版社,1984年,57、58页。
② 同上。

震到底都说了什么。

无论如何，说《太极图》传自陈抟，只是人们所理解的"朱震之言"，而朱震却并未说过《太极图》传自陈抟。在后一点上，《宋明理学史》的作者和我们是一致的。可惜自朱熹开始，就少有人像《宋明理学史》的作者那样，去细审一下朱震到底是怎么说的。

再查朱震的《汉上易传卦图》，可以进一步帮助我们弄清朱震到底说了什么。

《汉上易传卦图》在《河图》之后注道："右《河图》，刘牧传于范谔昌，谔昌传于许坚，坚传于李溉，溉传于种放，放传于希夷陈抟。"这是明言《河图》传于陈抟。

《伏羲八卦图》后注道："右《伏羲八卦图》，王豫传于邵康节，而郑夬得之。"

《太极图》后注道："右《太极图》，周敦实茂叔传二程先生。"连穆修也未提，更不必说陈抟。

凡是朱震本人所写的文字都表明，他没有说过《太极图》传自陈抟。

和朱震同时的杨甲，在所著《六经图》中也收录了《太极图》，但也未说《太极图》传自陈抟。

这真是一场重要而持久的历史误会。

5. 谁用了谁的图

胡渭《易图明辨》说："或曰：陈抟传穆修，穆修传周子。或曰：周子所自作，而道家窃之以入藏。"这说明，当时也有人注意到，不是周敦颐用了道教的图，而是道教用了周敦颐的图。胡渭对这两种意见持存疑态度，未下结论。

说周敦颐的《太极图》来自道教、来自佛教，证据都不可靠；说道教用了周敦颐的图，却有大量而确凿的证据。下面我们就来列举这些证据。

道教将《太极图》改为顺逆炼丹图。

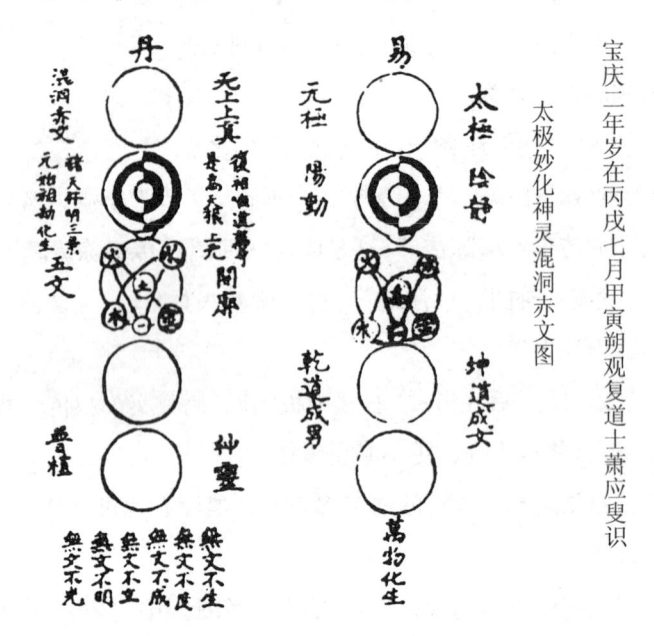

图八　《太极妙化神灵混洞赤文图》

（取自《正统道藏·元始无量度人上品妙经内义》）

南宋宝庆二年（1226），观复道士萧应叟作《元始无量度人上品妙经内义》，附有《太极妙化神灵混洞赤文图》（图八）。

萧应叟没有说明该图的来源，但他附有一个详细说明：

混洞赤文无无（上？）上真，此所谓："无极而太极也……"

上无（元？）复祖，唯道为身，此所谓："太极动而生阳，静而生阴，静极复动，一动一静，互为其根。分阴分阳，两仪立焉。"

五文开廓，此所谓："阳变阴合而生水火木金土，五气顺布，四时行焉……"

普植神灵，无文不光，无文不明，无文不立，无文不成，无文不度，无文不生，此所谓："无极之真，二五之精、妙合而凝……"

这就是说，萧应叟逐字逐句地抄录了周敦颐《太极图说》的文字，并把自己新换的文字和原文一一对应起来。

很明显，萧应叟是把周敦颐的《太极图》改造成了《混洞赤文图》。

元代陈致虚作《金丹大要》，进一步把《太极图》改成讲"逆则成丹"的《太极顺逆图》（图九）。

从《太极顺逆图》可以看出，逆图对顺图有所改造，但改造不大：顺图的"万物化生"在逆图中是"逆则成丹"；顺图中的"金木水火"被改成铜汞铅沙，"阳动"改为"阳静"，"阴静"改为"阴动"，并改换了位置。"无极太极"被换成

"混沌未分"。陈致虚也没有掩饰他《太极顺逆图》的来源。

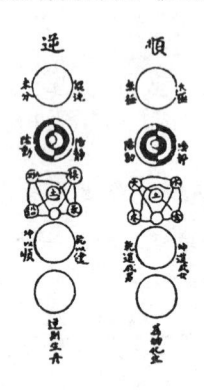

图九 《太极顺逆图》(取自陈致虚《金丹大要》,《正统道藏》本)

明代,张宇初作《元始无量度人上品妙经通义》,径直采用了萧应叟的《混洞赤文图》(图十)。

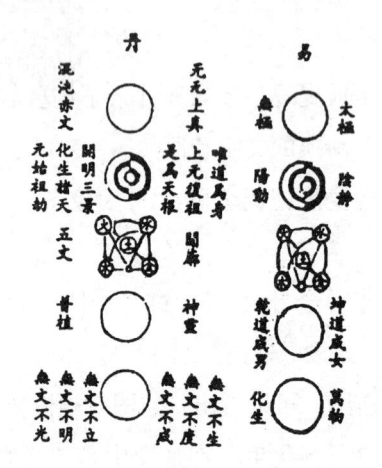

图十 《元始无量度人上品妙经通义》卷之一
《太极妙化神灵混洞赤文图》

道教将《太极图》改为《无极图》。

当一部分道士将《太极图》改为《顺逆炼丹图》时，另一部分道士将《太极图》改成了《无极图》。《无极图》首见于南宋末年萧廷芝的《金丹大成》，其图如下（图十一）。

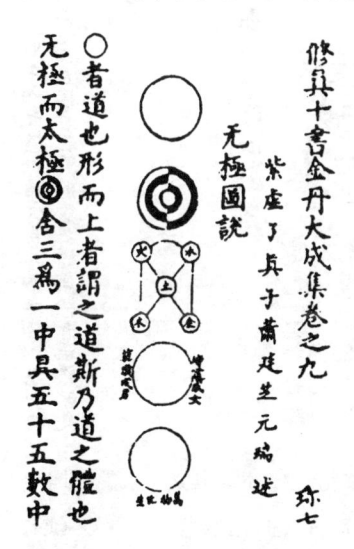

图十一　萧廷芝《无极图》（取自《正统道藏》）

萧廷芝说明，上数第一个圈表示"道"，也就是"无极而太极"，中间五个小圈是"阳变阴合而生金木水火土"等。萧廷芝只是改了图名，去掉了几个字，对图作了重新解释，不过也未超出周敦颐的框架。

萧廷芝还援引张栻的话说："真识根源，谓之知道。"他一点也不掩饰自己的图和理论都来自儒家。

黄宗炎说，《无极图》最下一圈是"玄牝之门"，萧廷芝也作有《玄牝图》(图十二),不过它是单独一个图,还未将"玄牝"融入《无极图》中。

图十二　《玄牝图》,载萧廷芝《金丹大成》(取自《正统道藏》)

图十三　卫琪《无极图》(取自《正统道藏》)

元至大三年（1310），东蜀道士卫琪，道号蓬莱山中阳子，向元武宗献上《玉清无极总真文昌大洞仙经》，附有《无极图》一幅（图十三）。

卫琪说明道：

> 周子作太极以括大易，予演无极以总大洞。盖太极者已具形气之谓，无极者无声无臭无象无名，惟理而已。周子亦曰"无极而太极"。

这是公然声明《无极图》源于《太极图》。

道士将《太极图》改为《太极先天之图》。

元代陈致虚在《金丹大要》中,曾自创《先天太极图》(图十四):

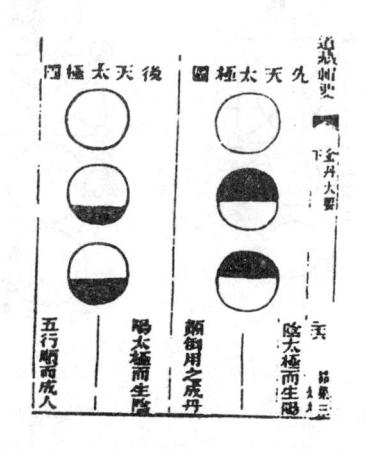

图十四　陈致虚《先天太极图》和《后天太极图》(取自《道藏辑要》)

陈致虚的图表明,道教在《太极图》之后,已有创作《先天太极图》的愿望。大约在此时,时雍的弟子们作《上方大洞真元妙经图》,将周敦颐的《太极图》改造成了《太极先天之图》(图六),后人不辨,反将这个《太极图》的流当作了《太极图》的源。

《太极先天之图》的重要特点,是上数第二圈右半的黑中有白,而左半的白中无黑。这样的图式,首见于杨甲《六经图》,再见于元代张理(据《四库提要》)的《大易象数钩深图》及《周易图》，其图式如下（图十五、十六）：

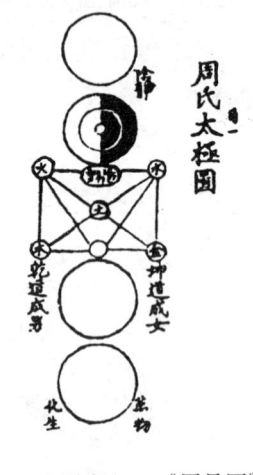

图十五 《大易象数钩深图》
载《周氏太极图》
（取自《正统道藏》）

图十六 《周易图》
载《周氏太极图》
（取自《正统道藏》）

上面说明，到元代，不少人仍然把《六经图》的图式作为《太极图》的正统式样。可以断定，《上方大洞真元妙经图》中的《太极先天之图》就是据这个式样加以改造的结果。

至于儒家，也曾利用周敦颐的《太极图》式样，改换文字，去说明其他的问题，如王申子《大易缉说》中的图（图十七、十八、十九）：

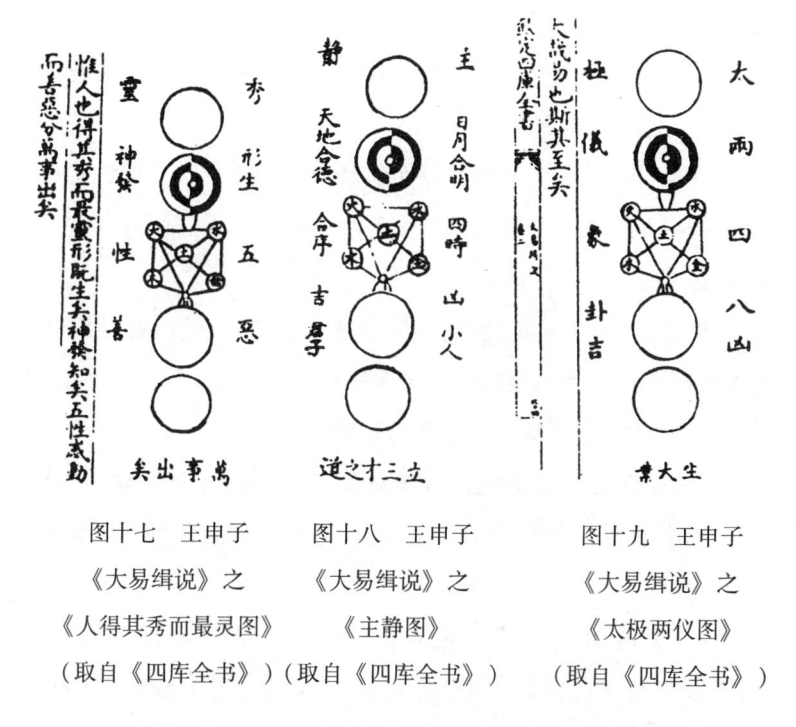

图十七　王申子　　　图十八　王申子　　　图十九　王申子
《大易缉说》之　　《大易缉说》之　　《大易缉说》之
《人得其秀而最灵图》　《主静图》　　　　《太极两仪图》
（取自《四库全书》）（取自《四库全书》）（取自《四库全书》）

　　上述资料表明，是道教利用了周敦颐的《太极图》去说明炼丹等，而不是周敦颐从道教中借来图式改造为《太极图》。

　　至于黄宗炎所提供的《无极图》，可以断定，它不会早于元朝末年，很可能就是明末清初的丹家对《太极图》进行改造的结果。

　　道教对《太极图》的改造证据还有一些，限于篇幅，不再一一介绍。有兴趣的读者可参看元末明初道士王道渊（名玠，道号混然子）所作《太上老君说常清静妙经纂图解注》，以及清康熙四十三年（1704）仇兆鳌《古本参同契集注》中的《丹道逆生图》。不过仇已标出这图是"出希夷丹家之秘"，与清代以前大不同了。

如果注意收集，在道教甚至佛教或其他教的文献中，也可能会找到周氏《太极图》的踪迹。不过对于我们而言，这已经不必要了。

那么，证明《太极图》不是来自陈抟，是否就证明了《太极图》的来源与道教并无关系呢？不是的。

6.《太极图》与"无中生有"说

"有生于无"的命题，最早见于《老子》第四十章："天下万物生于有，有生于无。"汉代，当思想家们普遍关心天地生成论的时候，"有生于无"的命题就得到了广泛传播。从《淮南子》开始，《易纬·乾凿度》《易纬·乾坤凿度》《白虎通》及张衡《灵宪》，都以各自的方式讲述着大致相同的思想：天地万物生于元气，而在元气产生以前，还有一个漫长的演化阶段。这个阶段的情况，只能是个无。

如果认为这个天地或宇宙有个开始，一直追上去，结论必然是：最初是个无。因而，"有生于无"可说是承认天地有始的必然结论，因而未必就是源于《老子》。但是，《老子》毕竟首先提出了"有生于无"的命题，若追溯这一命题的渊源，不能不追到《老子》。而至少从唐代开始，《老子》就正式成了道教的最高经典，《老子》的思想就成了道教的理论基础。"有生于无"也就自然成了道教特有的命题。

周敦颐的《太极图》，实际上是个宇宙演化图。从汉代开始，学者们就用《易传》中的"易有太极，是生两仪，两仪生四象，四象生八卦"去说明天地演化，把太极说成元气，把两仪说成天地和阴阳。从这一方面说，《太极图》不过是汉代就大体成型的借《易传》太极、两仪、四象、八卦模式讲天地演化的图解。依这种模式，则太极是一切演化的始点。那么，这个始点有没有开始呢？如果继续上推，则太极只能开始于无。因此，太极之上还要加个无极，只能表明，周敦颐的确认为"有生于无"。

《太极图》问世以后，许多人也是这样理解的。据张伯行编《周子全书》卷十九，文仲琏"敬拜濂溪先生祠下"诗有"天实有言谁启秘，道从无极独开先"。又潘之定《濂溪六咏》，其一是："当年太极揭为图，万有皆生于一无。"也都认为，《太极图》所表达的思想，就是"有生于无"。

这样一来，周敦颐的思想就和《老子》的"有生于无"重合了，而"有生于无"乃是《老子》最先提出的命题。于是问题又回到了汉代的情况，我们不能说"无极而太极"的思想和《老子》无关，而《老子》思想就是当时所认为的道教思想。但是，也不能认为这个命题就是从《老子》而来。因为第一，从有始推到"有生于无"乃是理论推演的必然结果；第二，"有生于无"只是存在于周敦颐之前的思想资料，相同相类的、相反不同的思想资料也同样存在于周敦颐面前，周为什么选择这个而不选择别的呢？看来，决定的因素不在于以前存在的有什么思想资料,而在于《太极图》的作者对这些资料的选择。作者选择的根据,是自己对世界的理解。作者的理解在某些方面和古人相通,于是用古人的话来表述自己的思想,这些都是思想发展中经常出现的现象。

然而无论如何,"有生于无"毕竟由《老子》最先说出,这样,周敦颐至少是赞同老子的观点,与老子,也就是与当时的道教同道。而这一点,就是陆九渊反对《太极图》的基本理由,也是朱、陆之争的一个焦点。朱熹的反驳,最重要的是要证明:《太极图》上数第一圈表示的,不是无中生有,而是说:理是无形的。为了使自己的论点证据确凿,朱熹对《太极图说》的文字也进行了校正。

淳熙五年(1178),朱熹见到了当时所修的国史,《太极图说》第一句是"自无极而为太极"。朱熹认为,这不是图说的原文。他说,社会上流传的本子中,首句"无极而太极"已引起不少非议,现在写成"自无极而为太极"更要成为反对者的口实。他建议改正(见《朱文公文集》卷七十一《记濂溪传》),但没有得到允许。数年以后,绍熙四年(1193),他在《邵州特祀濂溪先生祠记》中谈及此事,还感叹自己"力有所不逮"。

朱熹无力修改国史,但在自己力所能及的范围内,还是尽可能地做了校正。当时他见到的九江本,就写作"无极而生太极",但朱熹据延平本删掉了"生"字(见《周子全书》卷七)。

现在所见较早的记载，有《汉上易传卦图》及《六经图》后的说明，也都是"无极而太极"。这是原貌，还是经后人篡改，就不得而知。现在的《宋史·周敦颐传》所载《太极图说》首句也是"无极而太极"，当是依朱熹的意见改正的结果。

然而，无论是"无极而太极"，还是"无极而生太极"，还是"自无极而为太极"，都不过是表达了"无中生有"的意思。在这里，陆九渊说"极"是有"所指之实"的"实字"，说了太极就可以了，再加无极，就是老子思想，道教学问，是正确的。朱熹说"无极"一词，仅是用来修饰"太极"的"虚词"，并无实指（参见《陆九渊集》卷二），不过是强辩而已。

"太极"是什么？朱、陆二人都理解为"理"，这也未必符合周敦颐的原意。

极，据朱熹说，是"道理之极至"（《朱子全书》卷一）。极至，也就是边缘、顶点、极端等意思，太极所描述的，应是事物的时空属性，本身原无实指。《庄子》说的"太极之先""六极之下"（《庄子·大宗师》），不过都是一种空间位置。《易传》中的"太极""两仪""四象""八卦"也明指画卦过程。但从汉代开始，这个画卦过程就被用来说明天地化生，而"太极"也就被当作元气："太极元气，函三为一。"（《汉书·律历志》）甚至说"太极"就是"北辰"（见惠栋《周易述》卷十五）。这样的观念一直延续下来，直到北宋。

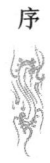

和周敦颐同时，但稍长于周的刘牧，在创作《河图》时说："太极者，一气也。天地未分之前，元气混而为一。"（《易数钩隐图》卷上）邵雍《皇极经世》体系，其基础也是阴阳二气的消长循环。由阴阳上溯，太极不过是混成一体而已："混成一体，谓之太极。"（《观物内篇》）这个混成一体的太极，只能是气，而不是理。因为邵雍所理解的理，还仅是物之理，"所以谓之理者，物之理也"（《观物内篇》），还不是可以独立自存的理。司马光的《潜虚》也还是一个从气开始的世界模式论，张载的《正蒙》更是把气作为世界的本原，而且不存在生灭问题。也就是说，周敦颐的同时代人还都把气作为世界的始点。

杨甲《六经图》中有一幅《太极圆图》（图二十）。图注为："旧有此图。"可能北宋时代已有此图。说明为："太极未有象数，唯一气耳。"也是把太极作为混沌未分、清浊未判之气。

图二十　《太极圆图》，取自《六经图》（《四库全书》本）

正是在这种情况下,程颢才说:"吾学虽有所授受,'天理'二字却是自家体贴出来。"(《宋元学案·明道学案上》)正是程氏兄弟,才把理作为哲学的最高范畴,作为宇宙的本体和本原。周敦颐把太极当作理。他的太极生阴生阳,就是元气剖判,从这里,开展了他的一系列哲学论述。

二、周敦颐与二程

《宋元学案·濂溪学案》全祖望的按语称:

> 濂溪之门,二程子少尝游焉。其后伊、洛所得,实不由于濂溪,是在高弟荥阳吕公已明言之,其孙紫微又申言之,汪玉山亦云然。今观二程子终身不甚推濂溪,并未得与马、邵之列,可以见二吕之言不诬也。
>
> 晦翁、南轩始确然以(濂溪)为二程子所自出,自是后世宗之,而疑者亦踵相接焉。然虽疑之,而皆未尝考及二吕之言以为证,则终无据。
>
> 予谓濂溪诚入圣人之室,而二程子未尝传其学,则必欲沟而合之,良无庸矣。

把周敦颐作为二程之师,进而把周敦颐推为理学开山之祖，确实是从朱熹开始的。全祖望如实地反映了周、程之间的关系，可作为定论。

问题在于，朱熹为什么要这样做。

汉代的天人感应哲学，未能把人们必须遵守的社会规范说成是人的内在需要，并借用外在的力量来奖惩和监督人对社会规范的遵守状况。魏晋玄学反对把外在的规范强加于人，主张人应按自己的本性行动，却未能论证遵守社会规范就是人的本性。把遵守外在的社会规范说成是人本性中就有的内在要求，是历史发展给复兴的儒学提出的理论任务。

北宋儒者们的理论活动，目的都在于证明：1. 等级尊卑的社会秩序是天然合理的。有的还画成有形的图式，如邵雍的《皇极经世》、司马光的《潜虚》。2. 遵守这个社会秩序中的各种规范是人本性的内在要求。其最重要的成就是张载、二程的天地之性和气质之性论。张载的哲学，以气为最高范畴去说明天地之性和气质之性的关系。二程则把理作为哲学的最高范畴，同时也作为天地之性的本原。由于朱熹的努力，二程哲学遂凌驾于其他哲学学派之上，成为宋代理学的正宗。

二程的天理，主要是从本体论上论证人人皆有遵守社会规范的内在要求。但是，在血缘相承的宗法制社会里，人们也习惯于用依次相生的关系去解释宇宙的演化。在这种情况下，如果不能找到人性在宇宙生成论上的根据，理论就仍然不能圆满。

早在宋代以前，佛、道二教就从各自的立场出发，建立了自己的宇宙演化论。在教派的竞争中，儒教也必须有相应的理论建树。北宋中叶，当一批儒者为振兴儒教而努力奋斗的时候，建立自己宇宙演化论的任务也提出来了。王安石、邵雍、司马光都为此做过努力，提出了自己的宇宙演化学说。周敦颐的《太极图》是这众多宇宙演化学说中的一种。由于朱熹的推崇，《太极图》所说的宇宙演化论成为理学体系中宇宙演化论的正宗。

《太极图》从宇宙生成论的角度论证了人性的由来，并且指出，"中正仁义"乃是圣人根据人性所制定的道德标准，因而是人的内在要求。而人的本性，乃是每个人与生俱来的东西，是从元气剖判、天地开辟以来，天生地成的东西。这样，《太极图》就从宇宙生成论的角度论证了外在规范和内在本性的统一。

当时流行的周敦颐著作集，几乎都是《通书》在前而《太极图》在后，有的甚至没有图。可见当时的人们很少理解《太极图》的价值和意义。在这个问题上，朱熹确有过人的眼光。

《太极图》还有一个优点，就是"太极"这个概念，其本义不是实指，因而是个极易改造的概念。极，意为"极至"，因而就不是汉代人所说的元气。这一点，朱熹说得完全正确。与"极至"直接相关的，都是表述事物性质或状态的概念：最高最低、最早最迟、最大最小、最里最外、最苦最甜等。而表述事物性质或状态的概念，就是当时所说的理，所以朱熹说"极，是道理之极至"。道也是理，理之极至也还是理，不过是最高的理，于是太极就成了天地万物之理的"总"，是总理，是"理一分殊"的"理一"，是"一以贯之"的"一"。总之，是一个实理。这样就和二程的体系调和起来了，周敦颐也成了和程、朱一样以"理"为最高范畴的哲学家。而且，朱熹这样解释太极，连陆九渊也无法反驳，陆只能强调不该在太极之前又加个无极。而无极之极，朱熹就不再训为"极至"，而训为"形"，因而遭到陆九渊的反驳。

宋代哲学家中，陆九渊是公开标出"六经注我"的人，然而陆九渊却并没有以这种方式解说一两部经。朱熹以注六经自居，实则在注经时真正实行了"六经注我"的原则。孔门弟子听不到老师谈"性与天道"问题，朱熹的《四书集注》却完全从性与天道的立场作注。这一点，早在《四书集注》出世不久就有人明确抨击（参看：李纯甫《鸣道集说》）。这里解"太极"为理，不过是朱熹实行"六经注我"原则的又一例子。

三、周敦颐哲学思想

朱熹把《太极图》放在《通书》之前，不仅有潘兴嗣的《濂溪先生墓志铭》为据，而且也符合两部著作的思想实际。

《太极图》可以说是由天讲到人，讲人性的本源和人应遵守的根本原则；《通书》则由人到天，讲万物化生之后，"得其秀而最灵的人"应如何行动。这好比文章的上下篇，各有自己的对象和任务。因此，上篇讲过的，下篇不一定讲，下篇没提到的，上篇可能讲。不能据此驳彼。陆九渊因《通书》中没讲"无极"，因而否认上篇的可靠和价值，逻辑上不够严密。在这个问题上，朱熹的反驳是有力的。

1. **《太极图》的哲学思想**

《太极图》讲的是宇宙演化论。更正确地说，"太极图"应叫作"太极化生图"。图中，表示太极的，也就是上数第一个空心圆。用空心圆表示混沌未分的太极也合情合理，并为以后许多易学著作所沿用。以下的几个圈，则分别表示阴阳、五行、万物等，它们都以太极为源，是太极的产物。因而这图实际是一幅太极化生图。

太极之上的无极，相对于太极，当然是个无。若进一步追问，"无"是什么？是不是一无所有的"空无""虚无"？则不宜做如此结论。下文"无极之真，二五之精，妙合而凝"，然后化生万物，其中"二五之精"就是阴阳五行气之精，相对于这气之精，则"无极之真"就只能是道理方面的真，精神方面的真，只有这两方面具备，才是完整的人。然而周敦颐说得非常模糊，我们也不宜做出明确的结论。

"太极"在汉代，就被作为有所实指的概念，而且就是指混沌未分之气。没有证据表明周敦颐对太极有新的解释。至少，把太极说成混沌未分之气，比把太极说成理更接近周敦颐的思想实际。太极剖判，化生阴阳，是传统观念。周敦颐的新贡献，是指出了化生的动因或机制：那是由于太极的动与静。而且一动一静交替进行，阴阳就彼此产生，互为其根。

由阴阳的变合产生了五行，这也是周敦颐的新思想，至少是由他才如此明确说出：五行之气产生于阴阳。而在他之前，一般说来，阴阳是阴阳，五行是五行，是两个系统。虽配合使用，但各有来源。虽然从一般的世界生成论说，元气先剖判为阴阳，五行自应是阴阳的产物，但很少有人明确讲过。是周敦颐把五行明确纳入传统的天地生成论，作为宇宙化生的一个阶段，一个环节，从而使长期各自独立的思想体系，在理论上统一起来。

五行之气顺次布署，交替循环，形成四季，是战国、秦、汉已有的思想，并在医学的"五运六气"说中得到强调。周敦颐重申这一意见，反映了"五运六气"说在当时的广泛流行和重要地位。

在叙述到五行、四时以后，周敦颐又反过来加以强调：五行统一于阴阳，阴阳统一于太极，太极以无极为本。

"太极本无极"，就是太极以无极为本。无极为本，则太极就是末。这是再一次强调了太极来自无极，无极生太极的意思。朱熹不承认这一点，只是出于自己的哲学立场罢了。

"五行之生也，各一其性"，就是阴阳化生的五行各自具有自己的本性。下文的"五性"，就是五行"各一其性"，加起来是五种。这是太极的进一步分化。这分化，是阴阳的不同变合。这样，阴阳五行之气就有了性质的多样性。用这多样性解释芸芸万物的多样性，比单讲人禀元气或清浊、阴阳之气，自然要更为方便。

这阴阳五行之气和"无极之真"重新凝聚和合，其凝合方式有乾坤二道，形成男女二物。这里的男女，是指每一类物都有的雌雄对立。雌雄或男女双方，作为物，不单是阴或阳，而是各自结合了阴阳五行多样性的物。由它们的交感，再化生万物。这就是周敦颐对《易传》"男女构精，万物化生"的理解。这样化生的万物，是无穷无尽的，而这里的"二气"，则是指男女（雌雄）二气。朱熹说：成男成女以上，是"以气化而生"的阶段；成男成女以下，是"形化"的阶段。这个理解是对的。

万物之中，人得到了那最灵秀的气。由自身的五行之气所成的五种性质，和外在的气发生感应而运动，由此才分出了善恶，形成了各种各样的事。

由此看来，周敦颐虽然说人的本性是与生俱来的，却并不认为人与生俱来的本性是善或是恶，似乎认为人的本性是说不上善恶的，只是由于后天的"五性感动"才分出了善恶。

然而这样的理解不能合乎朱熹的要求。他说人既从太极化生，就"莫不有太极之道"。所谓太极之道，就是理。人得其秀，所以心最灵，这就是"天命之谓性"。也就是说，在朱熹看来，周敦颐讲的就是人人都有太极这个理，因而都有天命之性。那"五性感动",就是兼带气质的性。这样,朱熹就把周敦颐的人性论纳入天命之性和气质之性的轨道。

"感动"而分善恶,圣人建立了"仁义中正"的标准。这个标准是圣人定的,未必是性中有的;这标准是让人们遵守的,因而也是外在的。但朱熹说,这"仁义中正"是圣人自己的立身行事。因为人得其秀,而圣人则"得其秀之全",因而举动举措,都是中正仁义。普通人做不到这一点。

这就是说,仁义中正是性中本有之物,圣人能处处做到,平常人则有时会做不到。做不到的原因,是所得之气不如圣人之秀,因而被气质障蔽。不过虽然障蔽,但中正仁义之性也和圣人一样,是性中本有的。这就是朱熹对中正仁义的理解。

动分善恶,所以圣人定下仁义中正为标准。若要避免恶,最好也免去善。免避之法,就是"主静"。主静,可以超越善恶之上。

在周敦颐时代,佛、道二教都把静作为修行的最高标准。佛教追求涅槃寂静,自不待言。道教当时流行的《常清静经》也和《老子》一起流行。《老子》就反复要人们守静,并且主张"守静"要"笃"。而托名太上老君说的《常清静经》,则倡导"清静渐入真道",说"人能常清静,天地悉皆归",认为"欲既不生,即是真静"。也就是说,静是得道的途径。静的含义,就是无欲。

毫无疑问,《太极图》的主静说及"无欲故静"的思想,既是来自佛教,也是来自道教,还是儒教自身的产物。在这个问题上,三教得出了共同的结论。

周敦颐认为,上面这些就是《周易》最高的道理。

《太极图》是一篇语言简练、极为概括、带有纲领性质的哲学文献。然而也正因为如此,有许多问题也就讲得含糊不清。比如"太极动而生阳",这最初的动是如何发生的?五行统一阴阳,如何划分?无极之真究竟是什么?以往认为,人的恶,是因为禀了浊气,现在既然认为人得秀气,恶又如何产生?中正仁义的根据是什么?圣人从哪里得到"人极""人道"?为什么要无欲主静?佛教主静,是因为心性本静(净);道教主静,是因为《老子》主静,"人生而静,天之性"。① 周敦颐是否认为无极本静,守静就是复归无极?

这些问题,周敦颐没有说明白,因而就给了朱熹以极大的自由度,使朱得以借周敦颐的框架讲述自己的理论。

2.《通书》的哲学思想

《通书》继续阐述宇宙生成论,如"二气五行,化生万物;五殊二实,二本则一""水阴根阳,火阳根阴,五行阴阳,阴阳太极"。但《通书》的主要任务是讲人性论或人生论,它只是为了讲人生论而涉及宇宙论,所以宇宙论在《通书》中只是附带提及而已,人生论才是《通书》注意的中心。

贯穿《通书》的基本思想是"诚",与诚相关的是"神"

---

① 语出《礼记·乐记》,唐玄宗用以注老。

和"几"。周敦颐认为，具有诚、神、几三种品质，就是圣人。至于其他一些世俗的道德律条，则是诚在行动中的具体体现。

诚是一个道德范畴，同时也是中国古人所理解的自然法则即天道的本质。

用"诚"来表达自然法则的本质，开始于《孟子》。

《孟子·离娄上》在论述诚信待人的道德原则时说：

是故诚者，天之道也；思诚者，人之道也。

并且认为："至诚而不动者，未之有也；不诚，未有能动者也。"(《孟子·离娄上》)

依孟子说，人只要诚就能使人感动，诚而不能感动人的事是不存在的。同样，不诚而能感动人的事，也是不存在的。

诚之所以有如此大的力量，乃是因为诚是天道的本质。人道效法天道，就一定能获得成功。

对天道本质的认识，始于春秋时代。《左传·昭公二十六年》："天道不谄。"杨伯峻注认为，"谄"通"慆"，与《左传·昭公二十七年》"天命不慆"，《左传·哀公十七年》"天命不慆"同义。而慆者，"疑也"(杜预注)，"天道不谄"，就是"天道不慆"，不可怀疑。

天道不可怀疑，最初是个神学的命题，表示天命不会因人的请求而改变。同时也表示两种自然现象关联的必然性。《左传·襄公九年》说"宋灾，于是乎知有天道"，就是指星体的运行和地上的火灾有必然而不可改变的联系。

星体运行和火灾实际上没有必然的联系，但是，自然现象之间的必然联系，却大量被发现。《国语·越语》："天道皇皇，日月以为常。""日困而还，月盈而匡。"此类自然现象的联系是必然的，因此可据第一现象期待与之相关的另一现象，而不会使人失望，比如春之后必是夏，秋之后必是冬，白天过去必是黑夜等。这些情况也表明，天道是无可怀疑的，是可以信赖的，因而是至诚的。因为"诚，信也""信，诚也"（《说文》）。

孟子所说的"诚者天道"，应是指自然现象之间的联系有一种必然而可以信赖的关系，由于这种必然、可以信赖和可以期待的关系，才使自然界充满了勃勃生机。

荀子也这样来理解天道的至诚：

> 变化代兴，谓之天德。天不言而人推高焉，地不言而人推厚焉，四时不言而百姓期焉。夫此有常，以至其诚者也。（《荀子·不苟》）

这些可以"期"待而"有常"的现象，就是天道至诚的表现。正因为天道至诚，万物才能生长化育：

> 天地为大矣，不诚则不能化万物。（《荀子·不苟》）

不诚，比如说，冬后不是春，黑夜过去不是白天，万物就不能化育，人们就无法生产和生活。

人道效法天道，人之对人，也应该如此：

圣人为知矣，不诚则不能化万民。(《荀子·不苟》)

《中庸》重复了孟子"诚者，天之道""诚之者，人之道"的思想，重复了"唯天下至诚为能化"的思想。因为《中庸》认为："诚者物之终始，不诚无物。"这句话和"天地之道，可一言而尽也：其为物不贰，则其生物不测"一个意思。"为物不贰"，朱熹注"诚一不贰"，是对的。不贰就是诚，只有诚才能不贰。只有诚，万物才能化育。因为有规律，有必然性，人们可以期待，要到来的现象才可如期到来。

《中庸》的"不诚无物"，也就是荀子的"不诚不能化万物"。不过《中庸》又加上了"生物不测"，朱熹注为生物繁盛，是对的。正因为天道至诚不贰，才会有蓬勃旺盛的众多生命，使世界充满了生机和繁荣。

也只有这样，人才有社会的繁荣昌盛。如到处充满欺诈虚伪、假冒伪劣，就不可能有整个社会的昌盛，而只会带来灾难。

《易传》称《易》讲的是天人之道。依周敦颐的理解，这天人之道的本质就是诚。这是用《中庸》解《易》，是《易》

和《中庸》的融会贯通。

《通书》说："大哉乾元！万物资始，诚之源也。"万物开始于乾，乾是万物之源。乾而生万物，它是天道之始点，自然也是诚的源头。

"乾道变化，各正性命，诚斯立焉。"乾道也是天道，天道运行，万物各自得以有自己正常的本性和生命。诚就建立在这样的天道行动之中，它是天道的本质、灵魂和精髓。

诚，也是人类善行的本质和根源。

　　诚，五常之本，百行之源也。（《通书》第二章）

一切道德必以诚为出发点。不以诚为出发点的行为，绝不是道德行为。

善行进到极点，就是圣人，诚自然也是圣人之本。

　　诚者，圣人之本。（《通书》第一章）
　　圣，诚而已矣。（《通书》第二章）

只要做到诚，就不为而成，不加思虑，一切行为就会合乎规范。

　　故诚，则无事矣。（《通书》第二章）

所谓"无事",就是不加思索,不必自我勉励,就自然能行仁义中正之道。

在周敦颐时代,人们从小至老,耳濡目染,都要求人们按仁义之道行事。仁义之道,逐日逐时地通过不同形式向进入这个社会的人们灌输。长期的熏陶,使人们把仁义这种规范当作本性的发露,把后天的教育成果当作先天固有的东西。

诚,只是行为的出发点、行为的根据,还不是行为本身。诚的特点是"无为""寂然不动"。

> 诚无为。(《通书》第三章)
> 寂然不动者,诚也。(《通书》第四章)

诚,在这里被本体化了。它成了某种可以指实的存在,不再是对某种行为态度、行为本质的描述。所以朱熹说,诚是"实理",是"太极"。

> 实理自然,何为之有,即太极也。(朱熹《通书注》第三章)

理、太极,本来也是对某些存在性质、存在状态的描述,后来也被本体化,成了某种存在本身。诚和理、太极走了同样的道路。它们先被描述,再被扩大、普遍化,然后被分离、抽象、蒸馏、升华,成为独立存在的实体。

单有诚，还无所表现，无所行动。受了外物感动，就有各种各样的反应，这就是"神"。

> 感而遂通者，神也。（《通书》第四章）
> 发微不可见，充周不可穷之谓神。（《通书》第三章）

神，是可与外物感应的东西，由于神可与外物感应，人们才会采取各种各样的行动。

与外物感应，须要明察。诚，可以使人明察，"诚粗故明"（《通书》第四章）。明察的目的是要发现事物刚刚发露的苗头、转机，从而测知事物发展的方向，并据此采取行动。这样的行动才会正确。

这种刚刚发露的苗头、转机介于有无之间，似有而无，似无而有，这就是"几"。

> 动而未形，有无之间者，几也。（《通书》第四章）

既诚且神，又知几的，就是圣人。

> 诚、神、几，曰圣人。（《通书》第四章）

周敦颐所讲的圣人，不只是心灵修养到某种境界，而且还要能料事如神，应付自如，也就是说，是个能够以最高的精明来处理实际事务的人。这样的圣人，和佛、道二教的圣人是不同的。这是儒者心目中的圣君明王的形象。他既具有最高的内在修养，又有治理天下的非凡才能，这是内外兼备型的圣人。

几，就是行动。行动起来，就可能有善有恶。几，就是善恶的开始，"几善恶"（《通书》第三章）。所以周敦颐要求，行动要非常慎重，"君子慎动"（《通书》第五章）。

从此以下，周敦颐论述了各种行动的具体规范，以及这些规范所依据的理论。《通书》也就是通贯天人之际之书。它从人们行为的根本原则开始，讲到各个重要行为的具体规范和原则。具体规范如何？原文具在，这里就不赘述了。

太极图

【题 解】

　　《太极图》包括两个部分：太极图、《太极图说》。太极图实际是太极化生图，讲述宇宙演化过程。《太极图说》是对太极图的说明。

　　宋代朱熹之前，世上流传的周敦颐著作集里，《太极图》放在《通书》之后。朱熹认为《太极图》非常重要，《通书》阐发的也是《太极图》的道理，于是把《太极图》放在《通书》之前，并成为之后的定本。清初，不少儒者反对《太极图》，《宋元学案》就仍把《太极图》放在《通书》之后。

　　从思想逻辑上说，须先有天地生成，才有人的活动。所以本书仍从朱熹，将《太极图》放在前面。

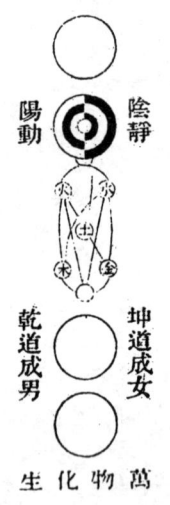

图二十一 《周氏太极图》（取自张伯行编《周子全书》，正谊堂本）

太极图说

【原文】

　　无极而太极。[1]

　　太极动而生阳。动极而静，静而生阴。[2]静极复动。一动一静，互为其根。分阴分阳，两仪立焉。

　　阳变阴合，而生水、火、木、金、土。五气顺布，四时行焉。

　　五行，一阴阳也；阴阳，一太极也。太极，本无极也。

　　五行之生也，各一其性。无极之真，二五之精，妙合而凝。乾道成男，坤道成女。二气交感，[3]化生万物。万物生生，而变化无穷焉。

　　惟人也，得其秀而最灵。形既生矣，神发知矣。五性感动，而善恶分，万事出矣。

圣人定之以中正仁义（圣人之道，仁义中正而已矣），[4]而主静（无欲故静），[5]立人极焉。故圣人与天地合其德，日月合其明，四时合其序，鬼神合其吉凶。君子修之吉，小人悖之凶。

故曰："立天之道，曰阴与阳；立地之道，曰柔与刚；立人之道，曰仁与义。"又曰："原始反终，故知死生之说。"

大哉！《易》也。斯其至矣。

【注 释】

[1] 据朱熹所见当时国史，该句为"自无极而为太极"；九江本为"无极而生太极"。

[2] 朱震《汉上易传卦图》为"静极而生阴"；杨甲《六经图》缺"静而生阴"。

[3] 杨甲《六经图》作"三气交感"（《四库》本）。

[4] 《宋史·周敦颐传》无括号中的注。

[5] 《宋史·周敦颐传》无括号中的注，朱震《汉上易传卦图》作"无欲则静"。

【译 文】

从无极产生了太极。

太极运动产生阳。运动到极点是静止。静止产生阴。静止到极点就重新运动。运动、静止交替，互相作为对方的根源。分成了阴阳，两仪就建立起来。

阳变化而阴配合，产生水、火、木、金、土。五行之气顺次布置，就是四季的运行。

五行，统一于阴阳；阴阳，统一于太极。太极的本源是无极。

五行产生出来，各有自己的本性。无极的真，阴阳、五行的精华，神妙地结合而凝聚，乾道成男性，坤道成女性，男女感应交合，产生了万物。万物生生不息，并且变化无穷。

只有人得到了最精秀的气，所以最聪灵。形体具备了，精神就发挥它的认识作用了。五种性质因感应外物而运动，由此分出了善恶，所有的事情就这样产生了。

圣人规定出中正仁义（圣人之道，也就是仁义中正罢了），并且以静为主导（没有欲望，所以能静），给人建立了标准，所以圣人的德行与天地相同，明察与日月相同，有次序与四季相同，洞晓吉凶与鬼神相同。君子修养这些所以吉祥，小人违背这些所以凶险。

所以《易传》说："建立天道的，是阴与阳；建立地道的，是柔与刚；建立人道的，是仁与义。"又说："探寻了开始又追查了终结，所以懂得死生的道理。"

伟大呀《周易》，这就是它最根本的道理。

通 书①

【题 解】

《通书》是对人生各个方面的通说。原名《易通》,改名《通书》,可能在朱熹编定《周濂溪集》时。

《通书》共四十章。从思想逻辑上说,它可看作《太极图》的下篇。《太极图》从无极、太极、阴阳、五行讲到人物生成,《通书》则阐述人物化生之后,人应该如何行动。

---

① 改名《通书》,大约是因为其中所说不全是《周易》的道理,还包括《中庸》《论语》等。

第一章　诚　上

【题 解】

《诚上》，即《诚》篇的上篇。"诚者，圣人之本"是本章首句，也是全书的纲领和宗旨，即如何做圣人。诚，是做圣人的根本。之后的论述，是从各个方面阐明如何做圣人。不过在本章中，在讲了诚是圣人之本以后，即讲诚的来源。其思想方法仍然是从天讲到人，人道本于天道。诚是天道，思诚或诚之者是人，是人道。

【原 文】

诚者，圣人之本。

"大哉乾元，万物资始。"诚之源也。

"乾道变化，各正性命。"诚斯立焉。

纯粹至善者也。

故曰："一阴一阳之谓道。继之者善也，成之者性也。"

元、亨，诚之通；利、贞，诚之复。

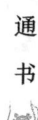

大哉《易》也,性命之源乎!

【译 文】

诚,是做圣人的根本。

"伟大啊!乾元。万物从这里肇始。"① 也是诚的本源。

"由乾道而有了变化,(万物)各自有了正常的本性和生命",② 诚由此才建立起来。

(万物的本性和生命)是纯粹的、至善的。

所以说"一阴一阳就是道。后继者,是善的;成就者,是物的本性"。③

元、亨,是诚的通达;利、贞,是诚的复归。④

伟大啊!《周易》。它是本性和生命的源泉。

---

① 原文出自《周易·象传·乾》。乾元,乾为六十四卦之首,又是纯阳卦,乾元就是乾道之元。与乾元相对的为"坤元"。表明古人认为,须有乾坤二道、阴阳二性,才有物的产生。

② 原文出自《周易·象传·乾》。

③ 原文出自《周易·系辞传上》。后继者,是一阴一阳之道的后继者;成就者,是一阴一阳之道所成就者。

④ 据现代研究,元是大,亨是享、祭,利是有利,贞就是卜字。意为:筮得此卦,是有利占问,可举行大祭。后人对元亨利贞有许多解释。一说元是始,亨是通,所以说是诚的通达;利是就(遂),贞是正,从开始通达到正常地位,所以说是诚的复归。

第二章　诚　下

【题　解】

《诚下》，即《诚》篇的下篇。论述诚是一切善行的本源。

【原　文】

圣，诚而已矣。
诚，五常之本，百行之源也。
静无而动有，至正而明达也。
五常百行，非诚，非也；邪暗，塞也。故，诚则无事矣。
至易而行难。
果而确，无难焉。
故曰："一日克己复礼，天下归仁焉。"

【译　文】

圣人，不过是心诚罢了。

诚，是五常的根本，百行的源泉。①

（诚）静止时无有，运动时就有，最端正而且明察通达。

五常、百行假若不是出于诚心，就都不是善行。心邪，就堕入黑暗，并且处处形成障碍。

所以，心诚就不用思考和自勉。

最容易的做起来却很困难。

果断而且坚持，做起来就不困难。

所以说："一日克己复礼，天下都会归于仁爱。"②

第三章　诚几德

【题　解】

本章论述诚和几两种德性。几，事物刚刚露出的苗头。

【原　文】

诚，无为。

---

① 五常，即仁、义、礼、智、信。百行，一切善行。
② 原文出自《论语·颜渊》。

几，善恶。

德，爱曰仁，宜曰义，理曰礼，通曰智，守曰信。

性焉，安焉之谓圣。复焉，执焉之谓贤。

发微不可见，充周不可穷之谓神。

【译 文】

诚，是无为的。

几，就分出了善恶。

德行。爱，叫作仁；适宜，叫作义；合理，叫作礼；通晓，叫作智；持守不变，叫作信。

本性如此，安于如此，就是圣人。复归于此，坚持如此，就是贤人。

虽然已经发生却隐微看不见，虽然普遍充满却无法穷尽，就是神妙。

第四章 圣

【题 解】

本章论述具备诚、神、几三种品质的就是圣人。

【原文】

　　寂然不动者，诚也。
　　感而遂通者，神也。
　　动而未形，有无之间者，几也。
　　诚精，故明；神应，故妙；几微，故幽。
　　诚、神、几，曰圣人。

【译文】

　　寂静不动的，是诚；有感受就发生反应的，是神；虽动却未现形，处在有无之间的，是几。

　　诚而且精，所以明察；由神与外物感应，所以微妙；几非常微小，所以幽暗。

　　诚、神、几具备，叫圣人。

第五章 慎 动

【题解】

　　本章论述运动有正有邪，所以要慎重对待。

【原文】

　　动而正,曰道。

　　用而和,曰德。

　　匪仁,匪义,匪礼,匪智,匪信,悉邪也。邪动,辱也。甚焉,害也。故君子慎动。

【译文】

　　运动遵守正确原则,叫作道。

　　应用能达到和谐,叫作德。

　　不合乎仁,不合乎义,不合乎礼,不合乎智,不合乎信,都是邪僻行为。邪僻的动,是耻辱;邪僻太厉害,就造成危害。所以君子要慎重地对待动。

第六章　道

【题解】

　　本章论述仁义中正之道也就是圣人之道应加以坚持和实行。

【原　文】

　　圣人之道，仁义中正而已矣。

　　守之贵，行之利，廓之配天地。

　　岂不易简，岂为难知。不守不行不廓耳。

【译　文】

　　圣人之道，不过是仁义中正罢了。

　　持守它，是尊贵。实行它，处处顺利。扩展它，就和天地媲美。

　　岂不是非常容易，非常简单？哪里有什么难知！不持守、不实行、不扩展它罢了。①

第七章　师

【题　解】

　　本章论述如何向善，认为必需有老师指引。由老师指引而向善的人多，天下就能大治。

---

①　意为圣人之道并不难，难在不持守等。

【原文】

或问曰:"曷为天下善?"曰:"师。"曰:"何谓也?"曰:"性者,刚、柔、善、恶、中而已矣。"

不达。曰:"刚善为义,为直,为断,为严毅,为干固;恶为猛,为隘,为强梁。柔善为慈,为顺,为巽;恶为懦弱,为无断,为邪佞。"

惟中也者,和也,中节也,天下之达道也,圣人之事也。

故圣人立教,俾人自易其恶,自至其中而止矣。故先觉觉后觉,暗者求于明,而师道立矣。

师道立,则善人多;善人多,则朝廷正,而天下治矣。

【译文】

假若问:"什么是天下的善德?"回答说:"老师。"问:"这是什么意思?"回答说:"人的本性,有刚,有柔,有善,有恶,有中罢了。"

不明白。又解释说:"刚善,就是义,就是直,就是果断,就是严格刚毅,就是挺立坚固;刚恶,就是凶猛,就是狭隘,就是强梁。柔善,就是慈爱,就是温顺,就是谦退;柔恶,就是懦弱,就是不能决断,就是邪僻奸佞。"

只有中这种品质，是和谐，是合乎规矩，是天下的康庄大道，是圣人所具备的东西。

所以圣人创立了教育事业，为的是让人自己改掉他的恶，自己达到那个中，并且坚持下来。所以先觉悟的，使后觉悟者觉悟；愚昧的，向明了者求教：这样，为师之道就创立了。

为师之道创立起来，善人就多；善人多，朝廷就行正道，天下就秩序井然了。

第八章　幸

【题　解】

幸，即幸运，幸福。本章论述什么是不幸，由此自然知道什么是幸。

【原　文】

人之生，不幸，不闻过；大不幸，无耻。

必有耻，则可教；闻过，则可贤。

【译文】

人生的不幸,是不愿听人说自己的过错;最大的不幸,是不知羞耻。

只有知道羞耻,才可教育;愿听自己的过错,才可能成为贤者。

第九章 思

【题解】

思,即思考。此处主要是"三思而后行"的思,论述必须认真思考的道理。

【原文】

《洪范》曰:"思曰睿。""睿作圣。"无思,本也;思通,用也。几动于彼,诚动于此,无思而无不通,为圣人。

不思,则不能通微;不睿,则不能无不通。是则无不通生于通微,通微生于思。

故思者，圣功之本，而吉凶之几也。

《易》曰："君子见几而作，不俟终日。"又曰："知几，其神乎！"

【译文】

《洪范》说："思想要通达。""思想通达就是圣人。"尚无思索，是根本；思索而通达，是应用。"几"刚在那里发生，这里的诚心就感动，不加思索就无不通达，就是圣人。

不思索，就不能通晓隐秘深奥；不睿智，就不能无所不通。这就是说，无不通达产生于通晓隐秘，通晓隐秘产生于思索。

所以，思索是做圣人的根本，是吉凶的转机。

《易》说："君子看到苗头就行动，不等到第二天。"又说："知晓苗头的，就和神明一样。"①

第十章　志　学

【题解】

志学，即有志于学。不过这里的学，不是现代说的学知

---

① 原文出自《周易·系辞传下》。

识，而是学做人。做人的顶点是圣人。所以，志学的意思是立志学做圣人。

【原文】

圣希天，贤希圣，士希贤。

伊尹、颜渊，大贤也。伊尹耻其君不为尧、舜，一夫不得其所，若挞于市。颜渊不迁怒，不贰过，三月不违仁。

志伊尹之所志，学颜子之所学。

过则圣，及则贤，不及则亦不失于令名。

【译文】

圣人向天看齐，贤人力求成为圣人，士力求成为贤人。①

伊尹、颜渊②是大贤人。伊尹以自己的君主不能像尧、舜那样为耻辱；一个人不能安居乐业，就好像自己在大街上受人鞭打那样羞耻。颜渊不迁怒于人，不重犯同样的过错，可以长期不违背仁德。

要立伊尹那样的志，学颜渊那样的学。

---

① 士，原是古代最下一级官吏，后为四民之一，不从事体力劳动，以从事国家公务为职业。
② 伊尹，商朝开国君主商汤的相；颜渊，即颜回，孔子最好的学生。

超过他们就是圣人，赶上他们就是贤人，即使赶不上，也不失有个好名声。

第十一章 顺 化

【题 解】

　　顺化，即顺应天的化育。也是人应按天道行事的意思。这里的人，是圣人。而圣人又是居高位、用仁义统治万民的君主。

　　由此可知，周敦颐说的为人之道，目的在于天下大治。而为君之道，也是为人之道的一部分。他所说的圣人，不只指孔子，更指尧舜那样的明君、圣王。

【原 文】

　　天以阳生万物，以阴成万物。生，仁也；成，义也。故圣人在上，以仁育万物，以义正万民。

　　天道行而万物顺，圣德修而万民化。大顺，大化，不见其迹，莫知其然之谓神。

　　故天下之众，本在一人。道岂远乎哉！术岂多乎哉！

【译文】

天用阳生万物，用阴成万物。生，是仁；成，是义。

所以圣人处于上位，就用仁养育万物，用义使万民归于正道。

天道运行，万物随顺。圣人修德，万民感化。大顺大化，看不见痕迹，不知道怎么回事，就是神妙。

所以，天下人虽众多，根本在于一人。道哪里远离了人呢！路哪有许多呢！

第十二章 治

【题 解】

治，就是政治。本章认为政治原则是心纯、用贤。

【原文】

十室之邑，人人提耳而教且不及，况天下之广，兆民之众哉！曰：纯其心而已矣。

仁义礼智四者，动静、言貌、视听、无违之谓纯。

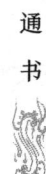

心纯则贤才辅。

贤才辅则天下治。

纯心要矣，用贤急焉。

【译文】

十户人家的小村子，一个一个进行教育都顾不过来，何况天下如此广大，人民如此众多呢！所以说：（要教化天下百姓）只要纯洁君主的心就是了。

仁、义、礼、智这四种德行，无论行动、静止，说话、姿态，看、听，都不违背，就是纯。

心纯，就有贤才辅佐。

贤才辅佐，就天下大治。

心纯是关键，用贤是当务之急。

第十三章 礼 乐

【题 解】

儒家认为，制礼作乐是实行政治统治最重要的措施，本章就是论述礼乐的作用。

【原文】

礼，理也；乐，和也。

阴阳理而后和。君君臣臣，父父子子，兄兄弟弟，夫夫妇妇。万物各得其理，然后和，故礼先而乐后。

【译文】

礼，就是理①；乐，就是和谐②。

理顺阴阳，然后就有和谐。君君臣臣，父父子子，兄兄弟弟，夫夫妇妇，万物各自得到自己的理，然后就有和谐，所以礼在先而乐在后。③

---

① 意思是说，理是制礼的根据。理的内容，就是当时社会的等级尊卑秩序。
② 音乐本身要求和谐，和谐才有完美的乐曲，从而取得满意的效果。音乐的淡雅和平又可陶冶人，使人和平，所以说音乐就是和谐。
③ 理顺阴阳，自然界寒暑有序，风调雨顺。人类社会，君、父、兄、夫为阳，臣、子、弟、妇为阴，他们的关系理顺了，也是理顺阴阳。顺的表现就是君君臣臣、父父子子等。所谓君君臣臣，就是君要像个君，臣要像个臣，等等。"像"的标准，都有相应的规定。做到这一点，就是得了自己的"理"，即得到与自己社会地位相称的道德规范。这样就有了和谐。因此，在周敦颐看来，和谐的前提就是各守本分。

第十四章 务 实

【题 解】

本章教人努力增进德行和能力，做好自己的事业，不务虚名，并以虚名为耻。

【原 文】

实胜，善也。名胜，耻也。故君子进德修业，孳孳不息，务实胜也。德业有未著，则恐恐然畏人知，远耻也。小人则伪而已。故君子日休，小人日忧。

【译 文】

实比人强，是善德；名比人强，是耻辱。所以君子增进德行，致力于事业，孜孜不倦，追求的是实比人强。德行和事业达不到一定高度，会怯生生地怕人知道，为的是避免耻辱。小人不过就是作伪罢了。所以君子终日坦然，小人整天忧愁。

第十五章　爱　敬

【题解】

本章通过讲怎样对待人的善和恶，论述宽以待人之道。

【原文】

有善不及。曰："不及则学焉。"

问曰："有不善。"曰："不善则告之不善。且劝曰：庶几有改乎！斯为君子。"

有善一，不善二，则学其一而劝其二。

有语曰："斯人有是之不善，非大恶也？"则曰："孰无过？焉知其不能改？改则为君子矣。不改为恶。恶者，天恶之。彼岂无畏耶？乌知其不能改？"

故君子悉有众善，无弗爱且敬焉。

【译文】

别人有善行而自己不如。回答说："不如就向人学习。"

问道："某人有不善的行为。"回答说："不善就告诉他是不善，并且要规劝说："这还是可以改正的，改正了就是君子。"

假如某人有一种善行，另一种是不善行，就学他的善行，而规劝他的不善行。

假若有人说："这人有这样不善的行为，难道不是大奸大恶？"那就应该回答说："谁没有过错？又怎么知道他不能改呢？改正了，就是君子。不改，才是恶。恶人，天会讨厌他。他能不害怕吗？怎么知道他不能改正。"

所以君子具有全部善行，时时处处都仁爱而恭敬。

第十六章　动　静

【题　解】

本章论述天地间动与静的道理。

【原　文】

动而无静，静而无动，物也。
动而无动，静而无静，神也。
动而无动，静而无静，非不动不静也。

物则不通,神妙万物。
水阴根阳,火阳根阴。
五行阴阳,阴阳太极。
四时运行,万物终始。
混兮辟兮,其无穷兮。

【译文】

动就不静,静就不动,是物体。

动却不见动,静却不能静,是人的精神。

动不见动,静不能静,不是不动不静。

物体不能到处通行,精神的灵妙支配万物。

水本性阴,根子在阳;火本性阳,根子在阴。

五行统于阴阳,阴阳统于太极。

四季运行,万物有终有始。

混合啊,开辟啊,无穷尽啊!

第十七章 乐 上

【题解】

《乐上》即《乐》的上篇,讲音乐在政治上的教化作用。

【原文】

　　古者圣王制礼法，修教化，三纲正，九畴叙，百姓太和，万物咸若。

　　乃作乐，以宣八风之气，以平天下之情。

　　故乐声淡而不伤，和而不淫，入其耳，感其心，莫不淡且和焉。淡则欲心平，和则躁心释。

　　优柔平中，德之盛也。天下化中，治之至也。是谓道配天地，古之极也。

　　后世礼法不修，政刑苛紊，纵欲败度，下民困苦。谓古乐不足听也。代变新声，妖淫愁怨，道欲增悲，不能自止。故有贼君弃父，轻生败伦，不可禁者矣。

　　呜呼！乐者，古以平心，今以助欲；古以宣化，今以长怨。

　　不复古礼，不变今乐，而欲至治者，远矣。

【译文】

　　古代圣王制定礼仪制度，致力于教化，三纲①端正，九畴②有序，百姓们极其和谐，万物都非常随顺。

---

① 三纲，即君为臣纲，父为子纲，夫为妻纲。
② 九畴，即《尚书·洪范》篇所讲的九类治国事务。

于是创作音乐，用来宣发八风①之气，为的是使普天下的情感平和。

所以乐声清淡而不悲伤，和谐而不过分，进入人的耳朵，感动人的心，没有不是淡雅而和谐的。淡雅，欲望的心就能平静；和谐，浮躁的心就能释怀。

悠扬轻柔平和适中，是最高的德行。教化使天下趋于适中，是政治的顶点。这就是说道和天地媲美，是古代政治的极致。

后世礼仪制度无人讲求，政令刑罚苛刻紊乱，放纵欲望，败坏制度，百姓困苦。于是说古代的音乐不好听。代代变化，造出新乐，妖邪淫荡，愁苦怨恨，导引欲望，增添悲伤，情感的波浪自己无法平息。所以会有人弑杀君主，抛弃父母，轻贱生命，败坏人伦，而且无法禁止。

唉！音乐啊，古代用来使人心平和，现在却用来助长欲望；古代用来宣扬教化，今天却用来增加怨恨。

不恢复古代礼制，不改变今天的音乐，而想把国家治理好，是办不到的。

---

① 八风，八方的风，或八类风。

第十八章 乐 中

【题解】

本章为《乐》的中篇。上篇论述了教化的作用。作者把后世一切祸乱都归于音乐的不能中正平和，极力要求恢复古礼，变改今乐为古乐。这一篇则反过来，讲政治为音乐之本。这样，就不仅是音乐淫邪导致政治败坏，而且是政治败坏也要导致音乐淫邪。

【原文】

乐者，本乎政也。政善民安，则天下之心和，故圣人作乐，以宣畅其和心，达于天地，天地之气感而大和焉。天地和则万物顺，故神祇格，鸟兽驯。

【译文】

音乐，以政治为根本。政治好，百姓安乐，天下人的心就平和。所以圣人制作音乐来宣发舒畅百姓们的平和之心，并且传送给天和地，天地之气和这平和的音乐感应，成为大的和谐。天地和谐，万物都随顺，所以神灵就来到，鸟兽都驯良温顺。

第十九章　乐　下

【题　解】

本章为《乐》的下篇，讲不同的音乐导致不同的社会后果。

【原　文】

乐声淡，则听心平；乐辞善，则歌者慕：故风移而俗易矣。妖声艳辞之化也亦然。

【译　文】

乐声淡雅，听者的心就平和；歌辞高尚，唱的人就仰慕德行：所以能移风易俗。妖邪的音乐，淫荡的歌辞，也会使风俗变坏。

第二十章 圣 学

【题 解】

圣学，就是学圣。本章论述圣人可不可学、怎样学。

【原 文】

"圣可学乎？"曰："可。"曰："有要乎？"曰："有。""请闻焉。"曰："一为要。"一者，无欲也。无欲，则静虚动直。静虚则明，明则通；动直则公，公则溥。明、通、公、溥，庶矣乎。

【译 文】

"圣人可以学到吗？"回答说："可以。"问："有要领吗？"答："有。""请讲要领。"答："一是要领。"一，就是没有欲望。没有欲望，安静时就能虚怀，行动时就能正直。安静时虚怀，就能明察；明察就通达。行动正直就公平，公平就心胸广大。明察，通达，公正，心胸广大，也就差不多是圣人了。

第二十一章　公明章

【题 解】

公明即公正、明察。章字似是章节之章。

【原 文】

公于己者公于人。未有不公于己而能公于人也。明不至，则疑生。明，无疑也。谓能疑为明，何啻千里。

【译 文】

使自己心里公正，才能对人公正。不使自己心里公正，而能对人公正的人，是没有的。

明察不到，就产生怀疑。明察，是不会有怀疑的。把能怀疑叫作明察，离题何止千里！

第二十二章　理性命

【题解】

本章对三者进行描述和说明。

【原文】

厥彰厥微，匪灵弗莹。

刚善刚恶，柔亦如之。中焉止矣。

二气五行，化生万物。五殊二实，二本则一，是万为一，一实万分。万一各正，小大有定。

【译文】

它显明而又隐晦，若不是人心灵明就不能明白。

刚，分刚善、刚恶；柔，也分柔善、柔恶。只有中为最高。

阴阳五行，化生万物。五行本于阴阳，阴阳本于太极，这是万物为一，一分万物。万与一各自位正，小大本分因此确定。

第二十三章　颜　子

【题　解】

　　颜子，即颜回，字子渊，所以又称颜渊。孔子最好的学生。本章论述颜回品德为何高尚。

【原　文】

　　颜子一箪食，一瓢饮，在陋巷。人不堪其忧，而不改其乐。

　　夫富贵，人所爱也。颜子不爱不求，而乐乎贫者，独何心哉？

　　天地间有至贵至爱可求，[1]而异乎彼者，见其大而忘其小焉尔。

　　见其大则心泰，心泰则无不足。无不足，则富贵贫贱，处之一也。处之一则能化而齐，故颜子亚圣。

【注　释】

[1] 朱熹认为，此句当作"……至贵至富可爱可求"。

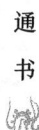

【译 文】

　　颜回吃淡饭,喝清水,住破房。别人都受不了那种苦,颜回却一直很快乐。

　　富有和尊贵,是人所喜爱的东西。颜回不喜爱,也不追求,却对贫穷感到快乐,他到底想些什么呢?

　　天地之间,有最富有、最尊贵的东西,可以喜爱和追求,和通常的富有与尊贵不同,(颜回)注重大的,而忘记了小的。①

　　注重大的,心里就坦然;坦然就没有不满足;没有不满足,就能一样地对待富贵和贫贱;一样地对待富贵和贫贱,就能改变自己而向圣人看齐,所以颜回是"亚圣"。②

第二十四章　师友上

【题 解】

　　本章论述老师和朋友对提高自己道德修养的重要性。

---

① 最富有最尊贵的,大的,指道德。下一章有说明。
② 亚圣,即仅次于孔子的圣人。

【原 文】

　　天地间至尊者道，至贵者德而已矣。至难得者人。人而至难得者，道德有于身而已矣。

　　求人至难得者有于身，非师友，则不可得也已。

【译 文】

　　天地之间，最尊贵的，不过是道德罢了。最难得到它们的，是人。所说的人最难得到它们，也就是自身道德高尚罢了。

　　要使自身具有人最难得到的道德，没有老师和朋友的帮助，是不可能的。

第二十五章　师友下

【题 解】

　　本章继续论述师友对修身的意义。

【原 文】

　　道义者，身有之，则贵且尊。

人生而蒙，长无师友则愚，是道义由师友有之。而得贵且尊，[1]其义不亦重乎！其聚不亦乐乎！

【注释】

[1] 朱熹注认为，此句似应为"由师友，而得贵且尊"。

【译文】

道义这个东西，自己有了，就尊贵而高尚。

人生下来，懵懵懂懂，长大后若没有老师和朋友，就会愚昧。这表明道义来自老师和朋友。

（由于老师和朋友）得使自己尊贵而高尚。其中的意义不是非常重要的吗！师友们的聚会不是非常快乐的吗！

第二十六章　过

【题解】

过，就是过错、错误。本章论述人应如何对待自己的过错。

【原文】

仲由喜闻过，令名无穷焉。今人有过，不喜人规，如护疾而忌医，宁灭其身而无悟也。噫！

【译文】

仲由喜欢听人批评自己的过错，美名代代相传。今天的人们，有过错不喜欢别人规劝，就像袒护疾病而害怕医生，宁愿身败名裂也不觉悟。唉！

第二十七章 势

【题解】

势，形势、态势、趋势。由事物以前的发展所造成的力量配置和对比，它影响甚至决定着事物今后的发展方向。本章讨论势和人为的关系。

【原文】

天下，势而已矣。势，轻重也。极重不可反。识其

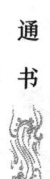

重而亟反之，可也。反之，力也。识不早，力不易也。

力而不竞，天也。不识，不力，人也。天乎？人也。何尤！

【译文】

天下事，不过是一种势罢了。势，或轻或重。势极重，就无法挽回。认识到势重，尽快挽回它，是可以的。挽回大势，靠的是力。不能及早认识，力量就无法改变大势。

力量不够，那是天命。不认识，不努力，则是人没有尽责。是天命吗？实在是人没有尽责。有什么可怨的呢！

第二十八章　文　辞

【题解】

本章主张文以载道，不在词藻华丽。从一般意义上讲，也可以说是论述文章内容和形式的关系。

【原文】

文，所以载道也。轮辕饰而人弗庸，徒饰也，况虚车乎!

文辞,艺也。道德,实也。笃其实而艺者书之。美则爱,爱则传焉。贤者得以学而至之,是为教。故曰:"言之无文,行之不远。"

然不贤者,虽父兄临之,师保勉之,不学也。强之,不从也。

不知务道德,而第以文辞为能者,艺焉而已。噫!弊也久矣。

【译 文】

文章,是承载圣人之道的。车轮、车辕都装饰得很好,而人却不用它们,就是白费工夫,何况是辆空车呢!

文辞,是一种技巧;道德,是实际内容。让内容真正充实,再用作文的技巧写下来。文辞优美而惹人喜爱,喜爱就可使内容广泛传播。向上进取的人因此能够学习文中的道来提高自己,这就是教化。所以说:"说话没有文采,传播就不能广泛。"①

但是那些不求上进的,即使父母跟着督促,老师不断鼓励,他们也不学习。强制他们,他们也不听从。

不知道从事道德修养,只以追求文辞为能耐,不过是技巧罢了。唉!这样的流弊已经很久了。

---

① 原文出自《左传·襄公二十五年》:"言之无文,行而不远。"

第二十九章 圣 蕴

【题 解】

圣蕴，即论述孔子胸中怀藏是如何博大精深。

【原 文】

"不愤不启，不悱不发。举一隅不以三隅反，则不复也。"

子曰："予欲无言。""天何言哉！四时行焉，百物生焉。"

然则圣人之蕴，微颜子殆不可见。发圣人之蕴，教万世无穷者，颜子也。圣同天，不亦深乎！

常人有一闻知，恐人不速知其有也。急人知而名也，薄亦甚矣！

【译 文】

"不是有疑难急欲求答的，就不去启发他；不是有话想说又难以表达的，就不去帮他表达。讲出一个道理，不能推广到其他方面的，就不再对他说了。"①

孔子说："我不想再讲说了。"（又说）："天何曾讲说什么！可四季就能正常运行，万物都能蓬勃生长。"②

然而圣人胸中的蕴涵，没有颜回，人们几乎就无法知道。发扬圣人的蕴涵，教导万世而无穷无尽的，是颜回啊！圣人和天一样，是非常深邃的啊！

普通人，有个一知半解，就生怕别人不能很快知道他的有。急于让人知道而出名，真是太浅薄了。

第三十章　精　蕴

【题　解】

精蕴，即圣人蕴涵的精华。

【原　文】

圣人之精，画卦以示。圣人之蕴，因卦以发。卦不

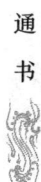

---

① 原文出自《论语·述而》。
② 原文出自《论语·阳货》。

画,圣人之精不可得而见。微卦,圣人之蕴殆不可悉得而闻。

《易》何止五经之源,其天地鬼神之奥乎!

【译文】

圣人的精华,用画卦显示出来。圣人的蕴涵,借卦象表现出来。卦不画出来,圣人的精华就无法被人们见到;没有卦,圣人的蕴涵就不能全部被人知晓。

《周易》何止是五经的源泉,它是天地鬼神的奥秘啊!

第三十一章 乾损益动

【题 解】

《乾》《损》《益》,是三个《周易》卦名。本章论述三卦大义。动,即动静的动。三卦的意义,都要在运动中表现出来。

【原 文】

君子乾乾,不息于诚。然必惩忿窒欲,迁善改过而后至。乾之用其善是,[1]损益之大莫是过。圣人之旨深哉!

"吉凶悔吝生乎动。"噫!吉一而已,动可不慎乎?

【注释】

[1] 朱熹认为,"其"可能是"莫"。

【译文】

君子勤勉努力,不停息地修养诚心。(修养诚心)就必须警惕,戒除愤怒,堵塞欲望,努力向善,改正过失,然后才能达到目的。乾的作用,再没有比勤恳、修养、诚心更好的。损减和增益,也再没有比窒欲、向善更大的。圣人的用心,真是深刻极了。

"吉凶悔吝都产生于动。"①唉!吉只有一个,动可以不谨慎吗?

第三十二章　家人睽复无妄

【题解】

《家人》《睽》《复》《无妄》是四个《周易》卦名,本章

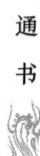

---

① 原文出自《周易·系辞传下》,讲占筮的结果都由于变动。

论述四卦大意。

【原文】

治天下有本,身之谓也。治天下有则,家之谓也。本必端,端本,诚心而已矣;则必善,善则,和亲而已矣。

家难,而天下易,家亲而天下疏也。

家人离,必起于妇人。故《睽》次《家人》,以"二女同居,而志不同行"也。

尧所以釐降二女于妫汭,舜可禅乎?吾兹试矣。

是治天下观于家,治家观身而已矣。身端,心诚之谓也。诚心,复其不善之动而已矣。

不善之动,妄也。妄复,则无妄矣。无妄,则诚矣。故《无妄》次《复》,而曰:"先王以茂对时,育万物。"深哉!

【译文】

治天下有根本,就是自身;治天下有法则,就是治家。根本必须端正。端正根本,不过是诚心罢了。法则一定要好。好的法则,不过是让亲属和睦罢了。

治家难,而治天下容易。因为家里人亲近,而天下人疏远。

家里人离心,一定是由女人引起,所以《睽》卦接着《家人》卦,因为"两个女子住在一起,志向不能相同"。①

尧治天下,之所以把两个女儿下嫁给住在妫水北岸的虞舜,是为了看看可不可以把帝位禅让给舜,尧要试验一下。

这就是说,治天下行不行,看他如何治家;治家如何,看他自身是否端正就可以了。自身端正,说的也就是心诚。诚心,也就是改正那些不善的行为罢了。

不善的行为,是妄。去掉妄,就无妄。无妄,就是诚了。

所以《无妄》卦接着《复》卦,并且说:"先王勤勉努力,适应时令,养育万物。"② 深刻啊!

第三十三章 富 贵

【题 解】

富是富有,贵为尊贵。本章论述什么是真正的富有和尊贵。

---

① 睽,合不来。两个女子住在一起,讲的是当时一夫多妻的情况。原文出自《周易·象传·睽》。
② 原文出自《周易·象传·无妄》。

【原 文】

　　君子以道充为贵，身安为富，故常泰，无不足。而铢视轩冕，尘视金玉，其重无加焉尔。

【译 文】

　　君子把道的充实作为尊贵，把身体平安看作富有，所以永远坦然，没有不满足。从而轻视官高位重，把金玉珠宝看作粪土，他自身的贵重真是无以复加了。

第三十四章　陋

【题 解】

　　陋，此处引申为浅薄。

【原 文】

　　圣人之道，入乎耳，存乎心。蕴之为德行，行之为事业。彼以文辞而已者，陋矣。

【译文】

圣人之道，进入耳朵，存在心里。蕴涵着它就是德行，实行起来就是事业。那些把追求文辞当作顶点的人，是浅薄的。

第三十五章 拟 议

【题 解】

拟，比拟；议，议论，讨论。本章"故曰"之后所引，出自《周易·系辞传》。意思是，用卦爻比拟事物，然后进行讨论，讨论之后再行动。通过比拟讨论，确定事物如何变化。本章用转义。

【原文】

至诚则动，动则变，变则化。故曰："拟之而后言，议之而后动，拟议以成其变化。"

【译文】

最高度的诚，能感动人。人受感动，就发生改变。改变，就会化为良善。所以说，思忖成熟后再说，讨论好了再动，通过思忖和讨论促成变化。

第三十六章　刑

【题　解】

本章论述刑罚的作用和必要性。本章的议论表明，作者认为暴力对于治国是必要的。

【原　文】

天以春生万物，止之以秋。物之生也，既成矣，不止，则过焉，故得秋以成。

圣人之法天，以政养万民，肃之以刑。民之盛也，欲动情胜，利害相攻，不止，则贼灭无伦焉。故得刑以治。

情伪微暧，其变千状，苟非中正明达果断者，不能治也。《讼》卦曰："利见大人。"以刚得中也。《噬嗑》曰："利用狱。"以动而明也。

呜呼！天下之广，主刑者，民之司命也，任用可不慎乎？

【译文】

　　天用春天使万物生长，用秋天使之生长停止。万物的生长，既然已经成就，若不停止，就过分了，所以万物由于秋天得以成就。

　　圣人效法天道，用政治养育万民，用刑罚建立秩序。人民非常众多，欲望发动，感情难以控制，利害使他们相互冲突，若不制止，就会相互消灭而一个不剩。所以将刑罚用来治国。

　　真象被掩饰，微妙暧昧，其中千变万化，若不是处心中正又能明察果断的人，是不能治国的。《讼》卦说："利于见大人。"是因为果断而得中正之道。《噬嗑》卦说："利于判案。"是由于行动明察的缘故。

　　唉！天下如此之大，掌握刑罚的，也就是掌管百姓生死的人，对他们的任用能不慎重吗？

第三十七章　公

【题解】

　　本章论述公的意义。

【原 文】

圣人之道，至公而已矣。或曰："何谓也？"曰："天地至公而已矣。"

【译 文】

圣人之道，不过是最公正罢了。有人会说："这是什么意思呢？"回答说："天地，不过是最公正罢了。"

第三十八章 孔子上

【题 解】

本章赞颂孔子。

【原 文】

《春秋》正王道，明大法也。孔子为后世王者而修也。乱臣贼子，诛死者于前，所以惧生者于后也。宜乎万世无穷王祀夫子，报德报功之无尽焉。

【译 文】

　　《春秋》端正王道，阐明的是根本原则。这是孔子为后世的王者而制订的。对于乱臣贼子，孔子用笔责罚那些已经死去的，为的是让以后活着的人害怕。千万世无穷尽地用王者的规格祭祀孔子，是非常恰当的啊！报答孔子的德，报答孔子的功，都是无穷尽的啊！

第三十九章　孔子下

【题 解】

　　本章继续赞颂孔子。

【原 文】

　　道德高厚，教化无穷，实与天地参而四时同，其惟孔子乎！

【译 文】

　　道德高尚深厚，教化的人无穷无尽，自身的品质可与天地并列，与四季相同，这只能是孔子吧！

第四十章 蒙 艮

【题 解】

《蒙》《艮》是两个《周易》卦名，本章论述二卦大意。

【原 文】

童蒙求我，我正果行，如筮焉。筮，叩神也。再三，则渎矣。渎则不告也。

山下出泉，静而清也。汩则乱，乱不决也。

慎哉！其惟时中乎！

"《艮》其背"，背非见也。静则止，止非为也，为不止矣。其道也，深乎！

【译 文】

幼稚的儿童求我，我用正道告诉他如何做，就像占筮。占筮，就是叩问神灵。再三叩问，就是亵渎。亵渎，神灵就不再告诉。

泉水从山中流出，安静而清澈。搅动它就混浊乱翻，混乱就难以作出决定。

　　慎重啊，凡事都应恰当啊！

　　"注视他的背"，① 注视背不是见到他的人。安静就停止，停止，不是有为。有为，就不能静止了。其中的道理，深刻啊！

---

① 原文出自《周易·艮卦》。

阴符经全译

序

一、《阴符经》的历史地位

《阴符经》在历史上曾获得非常崇高的地位。

唐初，著名书法家欧阳询曾书写《阴符经》赠人。褚遂良奉唐太宗、唐高宗之命，两次书写《阴符经》一百余卷。继李筌为《阴符经》作注以后，著名道士张果也曾为《阴符经》作注。唐代注《阴符经》的还有韦洪、张鲁等人，只是其注本已经佚失[①]。著名道士吴筠，他的文章不止一次援引《阴符经》。王冰整理《内经》以后，作《素问六气玄珠密

---

① 参见郑樵《通志·艺文略》。

语》，其序言称引《阴符经》道："圣人云：天生天杀，道之理也。能究其玄珠之义，见之天生，可以延生；见之天杀，可以逃杀。《阴符经》云：观天之道，执天之行，尽矣。此者是人能顺天之五行六气者，可尽天年一百二十岁矣。"据高似孙《子略》，著名诗人陆龟蒙、皮日休都有《读〈阴符经〉诗》传世。

到了宋代，在一些道教人物的言论中，《阴符经》越过《庄子》《列子》等书，成为和《道德经》同等重要的道教经典。南宗祖师张伯端说：

阴符宝字逾三百，
道德灵文止五千。
今古上仙无限数，
尽于此处达真诠。

（《悟真篇》）

在张伯端看来，《阴符经》和《道德经》乃是古往今来一切神仙得道的必由之路。他的《悟真篇》多次称引《阴符经》：

先且观天明五贼，
次须察地以安民。
民安国富方求战，

战罢方能见圣人。

三才相盗食其时,
此是神仙道德机。
万化既安诸虑息,
百骸俱理证无为。

须将死户为生户,
莫执生门号死门。
若会杀机明返覆,
始知害里却生恩。

其中所说"观天""五贼""三才相盗""害里生恩",都是《阴符经》的思想。"国富""安民""求战"之类,是《阴符经》上、中、下三篇篇名的大意。

金代兴起的全真教,史称北宗。创始人王重阳,一般不主张读经、打坐。在他认为必读的三五本经书中,就有《阴符经》。王重阳说他自己:

理透阴符三百字,
搜通道德五千言。

(《重阳全真集·浣溪沙》)

王重阳的大弟子马丹阳说：

> 学道人不须广看经书……若河上公注《道德经》、金陵子注《阴符经》，二者时看亦不妨。
>
> （《丹阳真人语录》）

直到王重阳的再传弟子、丘长春的高徒尹志平，继续认为：

> 道虽未能广学，阴符、道德、清静三经，又不可不学。
>
> （《北游语录》）

道教对《阴符经》的特殊重视，使道教以外的人士把《阴符经》作为道教的理论代表作。宋高僧智圆说：

> 宗儒述孟轲，
> 好道注阴符。
>
> （《闲居编》卷四十八《潜夫咏》）

儒家方面，对《阴符经》也特别重视。程颐说：

> 《老子》言甚杂，如《阴符经》却不杂。然皆窥测天

道之未尽者也。

(《遗书》卷十五)

南宋时,闾丘次孟说:"《阴符经》所谓'自然之道静,故天地万物生;天地之道浸,故阴阳胜;阴阳相推而变化顺矣'。此数语,虽《六经》之言无以加。"朱熹认为:

如他闾丘此等见处,尽得。

(《朱子语类》卷一百二十五)

五代时期,契丹太子耶律倍将《阴符经》译为契丹文。从此以后,《阴符经》就在辽、金统治的地区流传开来。

元代,和许衡齐名的一代大儒刘因,在教育他的弟子们如何读书时说,先读经,次读史,"史既治,则读诸子者。庄、列、阴符、四书者①,皆出一律,虽云道家者流,其间有至理存……"(《静修集·叙学》)

《阴符经》在唐代就引起了书法家的注意。据粗略统计,欧阳询、褚遂良以后,书写过《阴符经》的著名书法家还有如下一些。

柳公权。据欧阳修《六一题跋》,有《跋唐郑澣阴符经序》,其"又跋"称,他于治平三年(1066)得到了柳公权书

---

① 疑有脱文。

《阴符经》的刻石。高似孙《纬略》卷十二载：柳书《阴符经》，郑澣序。郑序有"雷雨在上，与彝旁达，浚其粹精，流为聪明"，"磻溪之遇，合金匮之秘奥；留侯武侯，思索其极"。高称前四句"精绝，不似唐人词章"，后四句"尤足以发阴符之用"。

杨凝式。赵秉文《滏水集》有《题杨少师书阴符经后》。

郭忠恕。郭是宋初著名书法家，他用篆楷籀三体写《阴符经》，墨迹至今尚存。

袁正己。袁师法郭忠恕。他的楷书《阴符经》，于乾德六年（968）刻石立于太学，与儒家经典并列，为士人必读书。

赵秉文。赵是金朝文坛领袖，与杨云翼齐名。明虞淳熙《阴符经演·玄黄索五》称："瞎子见秉文阴符字，曰：金人嗳耶？见登善阴符字，曰：唐人嗳耶？"

吴子行。又作吾子行、郘子行，元代书法家。袁桷《清容集》有《书吴子行篆书阴符经》。

赵子昂。元代著名画家、书法家。虞集《道园学古录》有《跋子昂书阴符经》。并认为该书是赵"盛年所作"，赵书现存北京白云观。

张广微。袁桷《清容集》有《张广微金书阴符经赞》。

可惜墨迹大多已不存。

唐代以来，对《阴符经》的注释，也可以用"汗牛充栋"来形容。

据郑樵《通志·艺文略》载，郑所见到的《阴符经注》

有38部，51卷。

郝经《陵川集·心庵先生阴符经集解序》称："天皇真人而下，会义三十余家。"

刘因《静修集·集注阴符经序》称："中山赵征士才卿之集注近百家，几数万言。"

吕坤《阴符经注序》："自有《阴符》以来，注者不啻百家。"

五代后，尤宋以来的道教著述，不断称引《阴符经》。不少人用《阴符经》的精神来注解《老子》，注解《悟真篇》和《周易参同契》，宋徽宗注《老子》"天地不仁"说，这是因为"恩生于害，害生于恩"。你"以仁治国"，却不料"害则随至"。所以圣人治国，最好是"辅其自然"。五代时，彭晓作《周易参同契通真义》就引用《阴符经》的"宇宙在乎手，万化生乎身"。到了南宋，翁葆光整理《悟真篇》，仿照《阴符经》，也把《悟真篇》分为上中下三篇，并用《阴符经》三篇的篇名作了《悟真篇》三篇的篇品。元代，邓锜作《道德真经三解》。他先仿照《阴符经》的字数，用三百字来叙述什么叫真，什么叫常。在注文里，他多次引用《阴符经》注《老》，说："政善治"，就是"富国安民"；"事善能"就是"强兵战胜"；"五色令人目盲"云云，就是"人，万物之盗"。这样的例子难以一一列举。完全可以说，唐、宋以来，《阴符经》的思想已越来越深地渗入到了中国古代许多优秀思想家的思想体系。清代修《四库全书》，把《阴符经》排在"道家类"之首、《道德经》之前，这就说明了《阴符经》

在清代学者思想中的地位之高。它理应作为中国古代的哲学名著之一受到人们的重视。

《隋书·经籍志》载有《太公阴符钤录》一卷、《周书阴符》九卷，属兵家类。于是不少人把《阴符经》当成兵书。道教学者注《阴符经》，不少是用来讲内丹修炼、心性修养的。而儒家学者却从中看到了天理人欲，佛教学者认为《阴符经》契合佛理。不同的思想立场，给《阴符经》涂上了不同的色彩。

明代哲学家吕坤说：

（《阴符经》）其言洞造化精微，极天人蕴奥，契性命归指。帝王得之以御世，老氏得之以养身，兵家得之以制胜，术数家得之以成变化而行鬼神，纵横家得之以股掌人群，低昂时变……是书也，譬江河之水，惟人所挹。其挹也，惟人所用。

（吕坤《阴符经注·序》）

然而大体说来，不过是儒、佛、道三家。三家之中，偏于哪一家都是错误的：

倚于一，则三见皆边也。夫玄金在镕，万物可铸。谓秤锤是铁则可，谓铁是秤锤则不可。

（吕坤《阴符经注·序》）

《阴符经》是可铸造各级器物的玄金,是可供给人们不同需要的水。就是说,《阴符经》讲的是普遍的原则、一般的规律。而讲普遍原则、一般规律的东西,就是哲学。

《阴符经》托名黄帝,全称《黄帝阴符经》。它首先是一部道经,也首先受到道教的重视。但是,它之所以受到重视,却并不是因为它托名黄帝,而是因为它阐述的哲学思想适应了道教理论发展的需要。

二、《阴符经》和道教的理论发展

道教追求成仙,基本的途径有两条:一是服食,从草木药到金、玉、大丹;一是内修,从服气、导引到形形色色的修炼方法。起初,这些修炼方法都是切切实实的物质手段。道士们相信,这些手段可以使肉体长生,甚至还能飞升变化。

生命的自然发展,是有生有死。这是自然规律,也是不可抗拒的命运。然而,道教要让生命不死,这明显是同自然规律抗争,同不可抗拒的命运抗争。并且他们坚信自己能在斗争中取胜。葛洪的《抱朴子·内篇·黄白》曾引用《龟甲文》说:"我命在我不在天。"道教的重要经典《西升经》说:"我命在我,不属天地。"道教一些重要的思想家不断重复着类似的思想，甚至重复着类似的语言。见素子胡愔坚信，合理地养护身体，就能"却老延年"，使"造物者翻为我所制"（《黄庭内景五脏六腑补泻图》）。五代强名子作注的《真气还元铭》说："我命在我，不在于天。"直到张伯端的《悟真篇》仍然说："一粒金丹吞入腹，方知我命不由天。"这种"人可胜天"的思想，是从道教的基本目标中派生出来的基本思想。它影响了《阴符经》思想的形成，也是《阴符经》受到道教格外重视的思想基础。《阴符经》说：懂得"五贼"，就"宇宙在乎手，万化生乎身"，说人是"万物之盗"，主张盗天地之"机"。这些思想，是对"人可胜天"思想的说明、完善和升华，《阴符经》的传播，又进一步巩固了"人可胜天"的思想。区别在于，其他道教著作讲"人可胜天"，仅仅是说人可长生。而《阴符经》的思想，则是人和自然界的一般关系。

求长生的具体手段，不断遭受着失败。以服食而论，人们服食过芝草、黄精、芝麻、茯苓，也服食过金末、玉屑、水银、丹砂，但没有一样成功。起初人们认为是药物不对，不断变换药物，后来就逐渐集中到铅、汞两种药物，用它们作为主药来炼制还丹。还丹仍然不能使人长生，于是又不断改进配方和炼制方法。然而无论怎么改进，也没法取得成功，于是又怀疑到药物本身。人们认为，那从矿石里炼制出来的铅、汞，只是凡铅、凡汞，不是真正的铅、汞。只有真铅、真汞才能成功。真铅、真汞最初只是对药物品质的要求，比如丹砂必要辰州的，雄黄必要武都的。当这些品质最好的药物也无效的时候，它们也成了凡铅、凡汞一类的凡药，所谓真药，就脱离了它们原来的实物，变成了一些空洞的名称。真铅、真汞是什么？真水、真火是什么？道士们说，人和万物一样，都是禀先天元气而生，人的一身就具备了一切。而且人是万物之灵，所禀的气，也是气中的精华。真铅、真汞不过也是禀受先天一气的产物，它不在别处，就在人身之内。有的甚至指出，它就是人的心、肾、肝、肺，而人自身就是一座丹炉。人们只要正确地控制心肾之气的运动，就可在自身之内炼成金丹。以彭晓的《周易参同契通真义》和《钟吕传道集》等一批著作为标志，这种说法在唐末、五代时期逐渐定型。这样，炼丹的实际活动遭到了一些道士的正式摒弃，炼丹的一套术语、炼丹的过程及其依据的理论却保存了下来。

从汉代开始，人们对炼丹的研究实际上也分成了两股潮流。一股潮流主要是研究具体的炼制方法。《黄帝九鼎神丹经》、葛洪的《抱朴子·内篇》、唐代一系列的炼丹书，都属于这一类。当人们坚信服丹可以成仙的时候，从事这种研究的人也最多，著作也最多。这些著作，往往是宝贵的科学史资料。另一股潮流是研究炼丹的一般理论原则，其代表作是魏伯阳的《周易参同契》（以下简称《参同契》）。《参同契》告诉人们，不同的药物在丹炉里化合成为还丹，就像男女交媾生出儿子一样。它告诉人们，应该依据月亮盈亏、四季交替的原则来掌握火候。而日月运行、气候变迁，在古代有一个共通的名称，就叫作"天道"。

当人们坚信服食可以成仙，忙忙碌碌地进行炼丹活动的时候，理论问题不是迫切问题。所以魏晋南北朝三百多年，《参同契》很少引起人们的注意。唐代是炼丹术发展的极盛时期，也是炼丹术遭受巨大失败的时期。失败日益促使人们对炼丹术进行理论上的反思，于是《参同契》受到了人们的高度重视。当具体的炼丹活动遭到摒弃的时候，《参同契》的内容也就成了一套抽象的原则。这些原则过去曾指导过实际的炼丹活动，现在被用来指导人体自身的修炼活动，因为二者遵循着同一个原则。于是《参同契》成了内丹书。

人们重视《参同契》，主要是注意它讲的那些原则。那些原则可以说都是天道，但《参同契》却没有明确地说出应该遵守天道。应该遵守天道的结论是《阴符经》说出的。和《阴符经》相比，《参同契》的原则仍然显得太具体。而人类从事的许多重大运动，假若没有一些最普遍的原则，也就难以持久。当人们注意到那些普遍原则的时候，假若旁边还有更普遍的原则，人类很快就会更加注意那更普遍的原则，于是《阴符经》的地位也就逐渐地升到了《周易参同契》之上。

在炼丹服食向内丹转变的时候，以服气为中心的内修活动也遭到了否定；因为只有金丹才能使人长生。但这时说的"金丹"是内丹，而所谓内丹，实际上也是行气。不同的是，过去只讲气在体内运行，现在要讲铅汞水火在体内交媾成丹。因此，所谓内丹，不过是行气的实际和炼丹的理论相结合的产物。

南北朝时期，道教已经大规模地采撷佛经来充实自己的理论。业报轮回、万法皆空等基本教义一步一步地被道教所接受。至少从盛唐开始，一些道教的领袖人物实际上已经否认肉体成仙。陶弘景的三传弟子、唐代著名的道教领袖司马承祯，借天隐子之口，认为神仙不过是精神高尚的人：

> 人生时，禀得虚气，精明通悟，学无滞塞，则谓之神。宅神于内，遗照于外，自然异于俗人，则谓之神仙。
>
> 故神仙亦人也，在于修我虚气，勿为世俗所沦折；遂我自然，勿为邪见所凝滞，则成功矣。
>
> （《天隐子·神仙》）

皇帝问他道法的要点，他说不过是"无为"而已（见《新唐书·司马承祯传》）。司马承祯的师兄弟吴筠见唐玄宗，玄宗问"道"。吴筠说："道法之精，无如五千言。"问神仙修炼，吴筠说"此野人之事"，不是皇帝所应该做的（见《旧唐书·吴筠传》）。北宋著名道士陈抟见宋太宗，说自己"不知神仙黄白之事、吐纳养生之理，非有方术可传"（见《宋史·隐逸传》）。后来，丘长春万里迢迢去见成吉思汗，成吉思汗问养生术，丘长春说他没有术，只有大道。成吉思汗认为他讲了实话。

一些道教领袖人物深深懂得，肉体长生是不可能的，道教作为一种宗教，应该和佛教一样，主要是进行心灵的修养。唐代出现了一部《元道真经》，明确提出："修道即修心，修心即修道。"这话曾被后来的道教著作反复引用。唐代还出现了一部《清静经》，讲如何进行修心。到宋代，《清静经》广泛流传开来。著名文学家苏辙认为，《清静经》和佛教的《般若心经》"文意相同"（《龙川略志》卷十）。这两部经，是全真教的必读经典。全真教的教义，是以"识心见性"为宗。

在"修道即修心"的理论日益深入人心的时候，就连那心肾水火交媾的内丹说也显得低级了。北宋张伯端作《悟真篇》，开宗明义地说：

　　学仙须是学天仙，
　　惟有金丹最的端。

炼金丹需要铅、汞，但什么是铅、汞？张伯端说，铅、汞不是二气，水、火也不是心肾，究竟是什么？《悟真篇》始终没有明确说明。怎样掌握火候？《悟真篇》说："便好用心修二八。""二八"是什么，也是歧义百出。多长时间可炼成金丹？《悟真篇》说："赫赫金丹一日成。"又说："一时辰内管丹成。"是长期修炼后在"一时辰内"获得成功，还是不须长期修炼，"一时辰内"就获得成功？张伯端也没有其他说明。《悟真篇》连心肾水火这样的明确性都没有。即或如此，张伯端仍嫌《悟真篇》太泥于法象，尽讲些"养命固形之术"，而没有好好研究"本源真觉之性"（《悟真篇·序》）。因此，他又研究了《传灯录》等佛教典籍，写了三十二首诗曲杂言讲禅宗。在《悟真篇·后序》中，张伯端说：人生的忧患都是由于妄情。要去掉忧患，只有体会"至道"。要体会至道，必须明乎本心。如果"人能察心观性，则圆明之体自现，无为之体自成，不假施功，顿超彼岸"。张伯端四传到白玉蟾。白玉蟾弟子彭耜问了许多问题，白一一作答，最后，彭耜领悟道：

如所问道，则示之以心。如所问禅，则示之以心。如所问金丹大药，则又示之以心。愚深知一切唯心矣。

（《白玉蟾全集·鹤林问道篇》）

"一切唯心，万法唯识"是佛教的命题，把一切宗教活动归结为明心见性，归结为心灵的修养，是禅宗的独创。道教把金丹也归结为修心，就与佛教没有什么差别了。

道教认为，修炼金丹必须遵守天道。虽然炼丹成了修心，但天道仍然必须遵守。而遵循天道，乃是《阴符经》的基本精神。

道教一直重视《道德经》，唐代有意推崇老子，许多道士纷纷把《道德经》奉为最高经典。但《道德经》说，道在天地之先，产生了天地，所以天要"法道"。天要"法道"，那些有道之士也就比君主更为尊贵。在《庄子》中还不断谈道，那些有道之士的糠粃就可以造就尧、舜，治国只是道的余绪。那么，君主就应该向有道之士礼拜，而不是道教徒向君主礼拜，这种理论和实际的矛盾是国家和道教关系中必须解决的问题。解决的办法不可能去改变实际的关系，而只能是道教修正或补充自己的理论。

在《阴符经》中，天道是必须遵守的最高原则。天道就是天之道，道不再高踞于天之上，而是天的属性。于是，现实生活中，得道之士也必须向君主顶礼膜拜的情况也得到了完满的说明，而《阴符经》也就越来越受到重视。

三、天与人

和《道德经》一样，《阴符经》有着美丽的形式。它是诗：

> 天发杀机，
> 移星易宿。
> 地发杀机，
> 龙蛇起陆。
> 人发杀机，
> 天地反覆。
> 天人合发，

万变定基。

诗的雄浑,气势的浩大,语言的铿锵,完全可以和魏武帝曹操的"东临碣石"比美。它是格言:

生者死之根,
死者生之根。
恩生于害,
害生于恩。

这样的格言,很自然地使我们想起《道德经》的"祸兮,福所倚;福兮,祸所伏"。认识到"祸福相倚"固然不易,认识到"害生于恩"则需要对生活更深刻地观察。祸福相倚只是从外在表现说明社会生活的变幻无常,反映了人对这变幻无常的感慨、迷惘和无能为力。所以在祸福相倚之后,《道德经》就说:"孰知其极。"说:"正复为奇,善复为妖。"而"害生于恩"则是从人的行为出发,说明行为的效果,从而指导人的行为,具有积极有为的性质。

《阴符经》的哲学,和中国古代其他哲学一样,讲的也是天人关系问题。和天人的对立相呼应,是道与机的对立。讨论它们的相互关系,是《阴符经》的主要内容。

《道德经》认为,道是无思无为的。《阴符经》认为,天道是为人而存在的:

立天之道，
以定人也。

人们行动的首要条件，就是认识和掌握这个天道：

观天之道，
执天之行，
尽矣。

天行，也就是天道。因为天的行为，没有不是道的，只有人的行为有道与非道之分。观，直译就是观察。不过这里所说的观察也包含着研究。所以不少注解都说，观，不是用眼观，而是用心观。其实，观就是用眼观，不过也包括用心去研究罢了。因此，观，就是认识。认识了天道，掌握了自然界的运动规律，这就"尽矣"，到了头了。

天道、天衍的重要内容，就是五行相克：

天有五贼，
见之者昌。
五贼在心，
施行于天。
宇宙在乎手，

万化生乎身。

五贼，就是五行相克。汉代人把五行相克叫作五行"相贼"。王充《论衡·物势篇》记载，当时有人认为：

> 五行之气，天生万物。以万物含五行之气，五行之气更相贼害。

王充反对这种意见，认为天生万物不应互相贼害。这里的互相贼害就是五行相克。由于一切事物都可归到五行之中，所以五行的生克关系就是事物之间的一般关系。

传统的意见，五行不仅相克，而且相生。但是，一般说来，相生关系是一种自然关系，它形成了事物相互依赖的链条。这种关系人类可以利用，但很少能有所作为。在人类发展的初期，人类曾利用这种相生关系，解决自己的衣食问题，对人类的发展起过重要作用。比如利用木生火，发明了用火；利用水生木，发展了农业和园艺；等等。不过这种利用的效果非常有限。所以原始社会虽然存在了几十万年甚至数以百万计的年头，但留下来的文化成果却极其有限。

人类的产生，是由于工具的发明。人类的发展，依靠的是工具的改进。改进工具依赖的原则主要有两条：一是火克金，二是金克木。火克金，可以把从矿产中得来的金属加工成各种工具；金克木，金属工具又可把木头加工成各种工具。铁和木的结合，是古代生产工具的主要形式。工具的改进，极大地增强了人类征服自然的能力，创造了灿烂的古代文明。那些留传至今、值得骄傲的文化遗迹，多数都是这种工具的作品。从某种意义上说，人类古代文明史，就是一部火克金、金克木的历史。古代的思想家，无法从这样广阔的历史角度来看问题，但他们懂得火克金、金克木的重要，因而一般地懂得五行相克的重要。《论衡·物势篇》所载的那种意见说：

> 欲为之用，故令相贼害。贼害，相成也。故天用五行之气生万物，人用万物作万事。不能相制，不能相使；不相贼害，不成为用。金不贼木，木不成用；火不烁金，金不成器。故诸物相贼相利。

对于人类的发展，事物的相互制约比事物的相互依赖具有更重要的意义。

无论是古代还是今天，都有思想家注意到，人的作用和自然过程是相反的。老子、庄子把世界上的过程分为两类：一类是天然，一类是人为。他们赞成天然而反对人为。庄子说，比如马，它的蹄子是用来走路的，毛是用来御寒的。高兴时，它们就用脖子互相摩蹭；不高兴时，就背过身去相踢，这是马的天性。人给马戴上笼头，让它作牵引的动力、负载的工具，就破坏了马的天性。赫胥黎的《进化论与伦理学》提到：一块耕地，人不管它，就会杂草丛生；一只船，人不管它，就会锈蚀腐烂。人的作用就是除草、防锈，而这是违反自然过程的。《阴符经》所重视的，是事物的相制相使，是人对物的改造利用。《阴符经》说，天有五种贼害，谁发现谁就昌盛。"五贼"装在心里，对天采取行动，宇宙就像握在手里，万物都将由人创生。

这显然是过分夸大，人类也许永远不可能做到这一点。但这里显然表现了作者对人类改造自然的信心，对人类自身能力的赞美。

《阴符经》把天人关系归结为"相盗"的关系。依据后来一些注家的解释，它表达了这样的意思：万物"盗窃"天地间的阴阳之气来生长自己，天地也"盗窃"万物，使它们衰亡；人"盗窃"万物来满足自己的需要，万物也"盗窃"人，对人诱惑，使人过分，给人造成伤害。三种"盗窃"恰当适应，天、地、人就相安无事。

人盗天地的意思，曾见于《列子·天瑞篇》。其中说道：齐国一个姓国的，非常富有。问他富有的原因，他说是善于"盗窃"。所谓"盗窃"，就是盗天时、地利去种庄稼、盖房屋。在陆地上，盗窃归天地所有的禽兽；在水中，盗窃归天地所有的鱼鳖。这就是他致富的秘诀。

《列子》一书中，人盗天地的故事和其他故事一起，不过是说明人的一身并非自己所有，而是天地所赋予的。《列子》也不主张把人盗天地作为它的哲学原则。但《阴符经》却把人盗天地作为天人关系的一般原则。

天是中国古代信仰的最高对象，服从天命是古代社会的一般主张。墨子反对天命，认为信天命会使人懒惰，但他只是从谋生和尽职的角度来谈论这个问题。荀子提出了"制天命"的命题，他说，努力耕作、勤俭持家就不会贫困；生活用品齐备、行动适应时令就能保持健康。但他主张"不求知天"。主张人不应与天"争职"。汉代尊崇儒术以后，对天不敬的思想就更难得到社会承认。唐代韩愈把天地比作一个大果实，把人比作蛀虫。人越努力，功劳越大，对天地的危害就越大。因此，天应对这些人降祸。韩愈也不主张积极地对天采取行动。宋代程颐激烈地反对"人盗天地"的思想。他说：

《阴符经》，非商末则周末人为之。若是先王之时，圣道既明，人不敢为异说。及周室下衰，道不明于天下，才智之士甚众，既不知道所趋向，故各自以私智窥测天地。盗窃天地之机，分明是大盗，故用此以簧鼓天下。故云："天有五贼，见之者昌"云云，岂非盗天地乎？

（《程氏遗书》卷十八）

南宋黄震说：

天之道固可观，天之行其可执耶？谓五行为五贼，谓三才为三盗，五行岂可言贼？三才岂可言盗？

（《黄氏日抄》卷五十八）

他认为《阴符经》是异端邪说,应摒弃不用。

朱熹没有直接否认天人相盗的思想,但他回避《阴符经》,主张人应积极作用于天地的思想,把天人相盗归结为一种自然的生养关系。朱熹说:

> 万物生人而亦杀人者也,人生万物而亦杀万物者也。以其生而为杀者也,故反而言之,谓之盗。
>
> (《阴符经考异》)

实际上,《阴符经》的天人相盗思想,和"五贼"的思想一致。它主张掌握天道,积极地作用于天地,从而控制一切,创造一切。

《列子》说人盗天地,内容是天时地利、鸟兽鱼鳖。《阴符经》则把人盗天地归结为一点:盗天地之机。

四、盗天地之机

在"三盗"之后,《阴符经》说:

故曰:

食其时，
　　百骸理。
　　动其机，
　　万化安。

"食其时，百骸理"是古老的医学原则。"动其机"是人盗天地万物的归宿。它不同于荀子的"制天命"，不同于《列子》中的盗天时、地利，也不仅仅是人用天地万物养生。《阴符经》所说的盗天地万物，具有更高的意义，它主要是指用精神手段去把握天地间诸因素的集合所造成的机会。这样的机会是无形的，必须由思维来把握。把握机会很不容易，也不为多数人所理解。《阴符经》说：

　　其盗机也，
　　天下莫不见，
　　莫能知。

人家盗来了机会，别人都能看得见。至于人家怎样盗，就没有人能够了解。因为机是人心的作用：

　　天性，人也。
　　人心，机也。

天性，就是天分，指人的才能。后来一些注家强调本性清静、识心见性、返本复性，不过是借此讲道教的心性修养。《阴符经》这里主要讲的是"人心，机也"。人心，是变化的枢机。这是主体对客体的把握，如"动其机"，"盗机"，等等；又是客体被主体所运用。这是人类实践活动的两个方面。主体把握与客体一致，事情就办得好，这就是"动其机，万化安"；不一致，心里的机与实际的机脱离，就出错误。这时候，不一定是主观主义，对客观情况了解不够，也可能是主体素质不行，或者是偶然失误。

客观的"机"要人把握，主观的"机"在人心里。人心，是转变的枢机，是对主体在把握客体过程中那丰富、生动、多变的画面的哲学概括。

《阴符经》看到，人的心思由事物产生，也将由事物打消。眼睛，在这里起着关键的作用：

心生于物，
死于物。
机在目。

心，指心里的念头。生于物，即由物产生；死于物，即因物消灭。转变的枢机，是人的眼睛。眼睛看到了各种各样的物，引起了思想的变化。思想的变化，归根结底又决定于眼睛看到了什么。有人把"死于物"说成是心如果专注于物，就会受限制、受迷惑，不能自由，也不会清澈明朗。那是由于他们的宗教唯心主义立场，认为心只有不受物的干扰，才会清澈明朗。这不仅是错误的，而且也不可能。

《阴符经》主张人心应该专一。专一，就会收到十倍甚至百倍的效果：

> 瞽者善听，
> 聋者善视。
> 绝利一源，
> 用师十倍。
> 三反昼夜，
> 用师万倍。

"绝利一源"，据朱熹注，是抛弃其他能带来利益的诱惑，只守着一个源泉。师，指军队。据张果注，这里指大众。人心能够专一，其认识效果就会十倍于人。再加上反复思索，就会万倍于人。

思想专一，反复思索，目的是为了把握事物的机。但是，我们应从哪里去把握事物的机呢？传统的说法认为，事物的运动有常有变。常，指正常的情况，如昼夜交替、寒暑代换等。《阴符经》所注意的，不是事物的正常情况，而是机。机，是一种状态向另一状态的转换，并且不是正常的转换，而是非常的，往往是偶发的、突然的。正常的转换，如太阳从西山下去,月亮从东山升起。突然的转换,如晴天响起霹雳,刹那的狂风暴雨,如太平盛世突然燃起战火。正常的转换,由于周而复始,已被人们所掌握,人们据此安排自己的生活,已经成了习惯。因此,这种正常的转换已经不算转换,对正常转换的认识也算不得学问。只有能够把握那些非常的转换、突然的事变的,才是英雄和天才。《阴符经》所注意的,就是这一方面。

突然的事变既属突然,就不可能就它本身来把握。因为那种时候事变已经发生,认识、把握都晚了。比如说,洪水已经到来,地震已经发生,战火已经燃起,这时只能就事变本身做些补救的工作。只有在正常情况下发现那些非常因素的积累,预见那些即将到来的突然事变,从而做出安排,这才是人的高明之处。《阴符经》正是主张人应在正常的情况下,把握那些非常的因素:

> 人知其神之神,
> 不知其不神之所以神也。

神,即神秘、神妙。《易传》说:"阴阳不测之谓神。"不测,即没有预见到的事情发生了,所以人们感到神妙。但《阴符经》说,那不神秘的东西也是神妙的,只是人们不知其中的道理罢了。《阴符经》主张从事物的正常运动中去把握事物那非常的转机:

日月有数,
大小有定。
圣功生焉,
神明出焉。

从"有数""有定"的正常状态中,产生了圣功和神明。

在中国古代哲学里,道是最常用的概念。无论哪个学派都承认,道具有稳定不变的性质。在这个意义上,道等于常。与常相对的是变,与道相对的是权。权变,相当于今天所说的灵活性。灵活性,只是主体的行为。《阴符经》没有用权、变这些概念,而用了机这个概念。天人关系,在《阴符经》中具体体现为道与机的关系。

五、道与机

《阴符经》和中国古代其他哲学著作一样,也把天道作为人们行事的基础。它一开始就讲,人们应该认识天道,掌握天道。一些注家把《阴符经》分为三章,把第一章命名为"演道"。演道,就是对道的论述。

道,表示的是事物之间较为稳定的联系,也是人们较为稳定的、正常的办事方式。事物的运动,永远都不会只是像日出日落那样地重复过去,而是不断地发生变化,发生运动状态的转换。机,描述的是两个过程的转折点和在这个点上发生的转折。《庄子》说"万物皆出于机,入于机"(《至乐》),"其发若机括"(《齐物论》),"有机事者必有机心"(《天地》),说的都是这个意思。机的原型是机械,是转换用力方向和大小的工具。我们今天生活的机器世界,就是转换工具的复杂组合。《阴符经》重视道,但更加重视机。

道分天道、人道,机也有天人之分。天机,指的是客观事物的转折或将要发生的转折;在人的机,叫作心机或机谋。道要表现出来。《阴符经》说"昭昭乎尽乎象矣",就是说都要清楚明白地表现为现象。机在平常却并不表现出来,只是在事变突然发生时才表现出来。所以,事物变化的转机平素不易察觉。人对事物发展趋势的预测和将要实行的非常措施,也都是在暗中进行,带有秘密的性质。机和变化相联,称为"机变"。机和秘密相联,称为机密。

道是一个社会正常的行为规范。一个人,如果不遵守这些规范,只是热心于测度事物的转机,甚至热心于制造这些转机,以便为自己谋得利益,这种行为,往往被称为阴谋诡计,被视为一种恶。这样的人被视为小人。但是,一个人如果只知遵守正常的规则,对事物的发展趋势毫无觉察,对即将到来的转折毫无预见,以致被人算计、碰壁、倒霉,这不是糊涂愚蠢,就是过于善良。或者虽有觉察而无法制止,直到弄得天翻地覆，才大发雷霆，这不是腐朽，就是无能。

因此，从某种意义上说，对机的把握比对道的把握更加重要，更加不容易。事物的转机常常决定着事物的命运。因此，中国古人很早就谈论"存亡之机""治乱之机"。把握这个转机，采取必要的行动，不仅需要高度的智慧，也需要智慧的高度紧张的活动，这是人类所有活动中最精彩、最紧张、最生动的一幕。

《阴符经》把掌握天道作为自己的思想基础，为的是能够再"施行于天"。《阴符经》重视机，重视的是人心的机，是盗天地万物之机。两个方面都指向一个方向，即人的实践活动。把主体实践活动作为研究的中心，正是中国哲学的特点。

六、《阴符经》和中国古代科学

古代思想家，无论东方或西方，几乎都不主张用主要精力去认识自然界，或者仅把得自自然界的认识当作供谈论的学问。

人们常常把古希腊当作科学的渊薮，但据亚里士多德所说，即如古希腊早期的自然哲学家，"他们探索哲理，只是想脱出愚蠢……并无任何实用的目的"。据说后来的阿基米德，虽然他曾有过许多技术发明，但他却羞于为自己的发明署上名字。在中国古代，假若我们只求助于一些著名思想家的言论，则中国古代简直就不可能有科学和技术。但中国古代社会还是发展了科学和技术，因为那是社会的需要。

有人说西方科学有两种传统：学者们的传统和工匠们的传统。学者们的传统主要是认识和获得知识，其手段主要是观察。假若要实验，也仅是创造一些理想条件来重现自然界中经常发生的过程。直到伽利略、牛顿时代，学者们的也是古典的科学传统仍然占着统治地位。工匠们的传统主要是驯服牛马、制造工具、改变自然状态、创造人类所需要的东西。培根是个转折点。培根以后，工匠的传统大大发扬，人们发现了电流，发明了内燃机，大大改变了世界的面貌。时至今日①，人们更加自觉地去创造自然界所没有的东西：超导体、生物新品种等。

中国古代对于人和自然的关系有三种主张：无为的、顺天道的和"我命在我不在天"的。无为的主张以老庄为代表，他们主张保持事物的本性，否认人为地干涉事物的自然过程。他们反对络马穿牛，反对使用机械，甚至反对一切技术进步，反对一切认识活动。第二种主张顺从天道，这是中国古代占统治地位的传统。这种传统不反对人为，但认为人为只应是帮助自然界或天去完成自然界本来应该完成的过程。比如水往低处流，你开沟渠，引水灌田，导河入海，治理水患，这都是

---

① 编者按，此为作者首次写此文的时间。

对的。但要想引水上山、旱地行船，这就是不顺天道。儒家说的圣人"辅相天地之宜"，圣人可以"赞天地化育""与天地相参"，就是这种主张。第三种传统是"我命在我不在天"。其代表主要是希求成仙的炼丹术士。人有生就有死，这是自然过程，是天道，但他们却要让人不死，其手段是千方百计炼制丹药，然后服食，或者千方百计进行身体锻炼。他们相信，只要方法正确，就能达到目的，自己掌握自己的命运，不受天道的局限。

绝对的无为，就不会有人类一系列的进步，只讲顺从天道，也会大大束缚人的手脚。比如农业上"天时""土宜"是天道，但有人囿于土宜的原则而排斥引种、移植。主张"我命在我"，其极端就在不顾客观规律，这是炼丹术士们炼金不成、求仙失败的根本原因。不过，主张自己掌握自己的命运，毕竟是在人与自然关系上最积极的主张。假如和顺从天道相结合，就会是一种既积极、又慎重的正确主张。

人们成功的和不成功的实践活动，有许多都是既顺从天道又积极行动的实践活动，并且也有相应的理论表现。如《吕氏春秋》中《尚农》四篇，就一面主张顺从天道，一面主张积极地改良土壤。唐代刘禹锡主张"天人交相胜"，就是企图从一般原则上把人类改造自然的行动和顺从天道结合起来。

但是在这些思想家的著作中，把二者结合起来的企图有的只限于某些局部，如《吕氏春秋·尚农》等讲的只是些农业生产中的局部问题。有的则往往偏于一面，如把络马首穿牛鼻也说成是保持事物的天然本性。有的则把二者从时间上和空间上分开。如荀子主张"制天命",却又主张"不与天争职";刘禹锡主张有时天胜人,有时人胜天:有些问题上天胜人,有些问题上人胜天。一般说来,他们都没能使二者有机地结合起来。

在《阴符经》中,顺从天道和改造自然得到了有机的结合。顺从天道是前提,而天道的基本内容是五行生克,懂得了五行生克就可以随心所欲地改造自然。这样,顺从天道的本身包含着对自然的积极改造,而改造自然本身又是遵循天道,二者在时间和空间上都是统一的,不是分开的。同时,它也不只是对某些局部情况的说明,而是人和自然关系的普遍原则。

《阴符经》所阐述的原则,既是对我国古代人民与自然界实际关系的总结,也影响着我国古代人民与自然界的相互关系。

我国古代科学,曾经长时期地居世界领先地位。其中许多发明创造,都是自然界本来没有的东西,如纸,如火药,它们都是人类创造的产物。至于人们改造自然的思想,则比人们改造自然的实践跑得更快、更远。

据《列子·周穆王》篇说,有人能"冬起雷,夏造冰",《抱朴子·内篇·黄白》篇说,有人能用药作"云雨霜雪","与真无异"。到唐末五代时谭峭的《化书》,就记载了更多的人们异想天开的事。其卷二《术化》篇谈道:

神气可以相召。人们见到神可召气,于是知道"阴阳可作"，"山陵可拔"。

人们看到狂风的威力，于是知道"河山可移"。

人们看到蜗牛和一些虫子"无足而行"，于是就想效法。

人们看到鬼附在巫的身上，于是知道"气可以易，神可以夺"。

炎热，你越怕它就越热，"小人们由是知水可使不湿，火可使不燥"。

土蜂化螟蛉为己子，人们因此知道"蠢动无定情，万物无定形"，并且进一步知道"马可使之飞，鱼可使之驰"。

不同物的结合可生成新种，如嫁接。人们因此知道"可以为金石，可以为珠玉，可以为异类，可以为怪状"。

人们看到摩擦可以生火，水火可以化云，于是知道"阴阳可以召，五行可以役"。

…………

谭峭认为，这都是小人们的思想行为，是术而不是道。但这些思想行为却表明，中国古代存在着互相对立的两种传统：一种把科学技术看作小道末技；一种则主张积极地干预自然，改造自然，并且要创造自然界所没有的东西。后一种传统常会带来一些异想天开的幻想，甚至在今天看来是荒谬绝伦的行为，但它本身无疑包含着人对自然界的最积极的态度，而且也会带来一些最根本的进步。它的许多幻想，后来都成了现实。《阴符经》的主张，就体现了人在自然界面前的这种最积极的态度，同时它也要求人们要认识和掌握天道。

《阴符经》的主张，使人类征服自然的要求获得了一种理论的形式。所以在《阴符经》以后，人们就常常援引《阴符经》，把它作为改造自然和征服自然的思想根据。

思想来源于实践，然而人们的思想往往比人们的实践要跑得更快，并且会带动和引导人们的实践。当人们在一个方面有了创造发明以后，就希望在另一方面也有创造发明。当人们在几个方面有了许多创造发明以后，也往往会不自觉地夸大自己的力量，甚至会做出一些荒谬绝伦的事情。

《阴符经》出现以后，它首先还是受到希求成仙长生的道士们的注意，并且成为道教的经典。道士们利用《阴符经》，为自己希求成仙长生辩护，为道士们施行的各种术进行辩护，其中最重要的是呼风唤雨。

宋代道教兴起了一个新的道派：雷法派。他们的宗旨是"祈天福国，弘道化人，役使雷霆，坐召风雨，斩灭妖邪，救济旱涝"（《清微神烈秘法·雷奥秘论》）。他们的领袖人物不断受到皇帝的召见和重用，其中林灵素最得宋徽宗宠信，甚至权倾朝野。这一派的理论就深受《阴符经》的影响。《清微道法枢纽》说：

师曰：黄帝云："宇宙在乎手，万化生乎心。"知此道者，我大天地，天地小我。

雷霆由我作，神明由我召……人皆神其神，唯圣人则不神所以神。

法也者，可以盗天地之机，穷鬼神之理。

可以说，这一派的创立、发展与《阴符经》思想的流布直接相关。

呼风唤雨是巫术。它是原始巫术的继续和发展，又是一种新的历史条件的产物。这新的历史条件的重要内容之一，就是人类征服自然的能力有了一定的提高，但征服自然的实际能力又赶不上思想所提出的要求。于是，这种本质上合理的、积极的思想就表现为一种荒谬的行为。不过，类似的情况不仅出现于中国，也出现于西方。

据美国哲学家梯利（Frank Thilly，1865—1934）所说，西方近代科学兴起之前，在整个欧洲开始觉醒起来的文艺复兴时期，当时的欧洲人首先热衷的也是巫术和迷信。他们希望通过各种秘密的技术和神秘的方式，同精灵交通，发现自然界的奥秘，从而达到征服自然的目的。梯利说，这种思潮荒诞而迷信，但它标志着进步，它面向未来，试图研究和控制自然，是近代科学的先驱。随着时间的推移，其中的迷信成分将被剥除，炼金术演化为化学，占星术演化为天文学，巫术演化为实验[①]。

元末明初，刘伯温作《郁离子》。其《天地之盗》篇讲：

[①] 见梯利《西方哲学史》（上），1975年，商务印书馆，第265—267页。

人是天地之盗，但只有圣人懂得盗。盗不是"发藏取物"，主要是"执其权，用其力"。如春种秋收，高处建房，低地凿池，水上行舟，因风作帆。一般人不懂得盗，以至于"遏其机，逆其气"。甚至只知道无限制地盗取自然界的物，这就会造成"物尽而藏竭"。刘伯温把前者叫作"天地之盗"，而把后者叫作"人盗"。

刘伯温的思想已经剥除了荒唐的成分。但是，无论是呼风唤雨的巫术，还是刘伯温的思想，都没有成为中国近代科学的先驱。

《阴符经》的思想表明，中国古人和西方古人一样，也强烈地要求认识自然、征服自然。他们不仅付诸行动，而且有相应的理论表现。然而中国近代社会没有给这种愿望提供充分发展的条件。

七、历代《阴符经》注

张果《阴符经注》，序称：

> （《阴符经》）其文简，其义玄，凡有先圣数家注解，互相隐显……

注"天有五贼",道:

> 太公以贼命为用味,以取其喻也。

注"天地反覆",道:

> 太公、诸葛亮等以杀人过万,大风暴起,昼若暝,以为天地反覆,其失甚矣。

注"自然之道静",道:

> 伊尹曰:靖之至,不知所以生也。

至于对李筌注的反驳,几乎每条都有。张果所引的内容,几乎都可以在现在通行的七家(伊尹、太公、范蠡、鬼谷子、张良、诸葛亮、李筌)注本中找到,因此,七家注本应是张果以前的注本,也是迄今所知最早的注本。

《正统道藏》中还有署名李筌的《阴符经疏》。不少学者已否认该疏为李筌所作。该疏有一篇序言,称李筌遇骊山老母等事与杜光庭《神仙感遇传》同。疏序称:

> (老母)诫筌曰:黄帝《阴符》三百言,百言演道,百言演法,百言演术。参演其三,混而为一……

上有神仙抱一之道，中有富国安人之法，下有强兵战胜之术……

查现在所见欧阳询写本，褚遂良大、小楷书本，七家注本，张果本，郭忠恕三体书本均四百二十余字至四百四十余字，且不分章，无篇名。李筌疏本分三章，分别冠以"神仙抱一演道章""富国安人演法章""强兵战胜演术章"。卷上卷尾附记："此神仙抱一演道章，上，一百五言（按：实一百二十言）。"卷中卷尾附言："此富国安人演法章，中，九十二言。"卷下卷末附言："故曰：下有强兵战胜之术也，下章，一百三言（按：实一百四言）。"共三百字（按：实三百一十六字）。今《正统道藏》所载李筌疏本，最后还有"自然之道静"以下七十言（按：实八十三言），系抄自七家注本。故李筌疏本仅三百余言。

今《正统道藏》所载十人（赤松子、张良、葛玄、许逊、钟离权、吕洞宾、施肩吾、崔明公、刘海蟾、曹道冲）集解本，三百三十五字，比李筌疏本多出"天生天杀、道之理也"等九字。第二章篇名已将"安人"改为"安民"。

由李筌疏本字数与唐代、宋初其他本均不同，不仅可知李筌疏本晚出，而且可断定言《阴符经》三百言的李筌疏本序言也不是李筌所作。由李筌疏本卷中篇名将"安民"写作"安人"，可知李筌疏本及其序言都是唐末的产物。十家集解本则是李筌疏本的后继者。张伯端、王重阳所说《阴符》三百言，就是这一类本子。

张果的《阴符经注》批评李筌把"阴符"解释为"暗合"。因此，今本李筌《阴符经疏》卷首的"释题"，当是李筌所作。

七家注本力图将《阴符经》理解为阐述一般哲学原则的著作。他们主张人必须遵守天道。李筌说："天道曲成万物而不遗，椿菌鹏鷃、巨细修短各得其所。"伊尹说，圣人"知自然之道，万物不能违，故利而行之"。但是他们更重视的是机。托名诸葛亮的序言说：

观乎《阴符》，造化在乎手，生死在乎人，故圣人藏之于心，所以陶甄天地，聚散天下而不见其迹者，天机也。

托名张良解释"天之至私，用之至公"说："其机善，虽不令天下而行之，天下所不能知，天下所不能违。"李筌认为，人要用自己的神、心、志去察知事物的机变："机动未联，神以随之；机兆将成，心以图之；机发事行，志以断之。"他们主张，机在未发之时，要让智士也无法测度；机发以后，要让五岳四渎也无法阻挡。为了使机既精确又秘密，他们要求专心一志，不要分散心神，"心分则机不精，神竟则机不微"。他们主张认真观察研究自然界的事物，"观鸟兽之时，察万物之变"。在他们对"五贼"的解释中，特意提到

"贼物"的意义,"贼物以一急天下,用之以利"。但他们的主要精神,是把这一般的哲学原则用来解释历史事变,指导国家的政治。他们希望人君抛弃贪欲、放弃苛政,明察治乱之机。这个注本也相信长生,相信黄帝升天,认为"五味尽可以长生"。

这个注本把"五贼"解释为"贼命、贼物、贼时、贼功、贼神",解释"三盗"也不提《列子》的盗天时地利,"太公曰"把"三要"说成是"耳、目、口",李筌则说"三要"是"心、神、志"。但整个说来比较实事求是。一些歧义也只是具体的理解不同,还没有企图用一套系统的偏见去曲解传文的原义。

张果也认为《阴符经》讲的是宇宙的一般原则,人们应根据这些原则来治国、修身。他把"阴"解释为心灵深处明了自然之性,说"符"是人用"机"来"执自然之行","契自然之理"。张果认为,圣人"观天之时,察人之事,执人之机",因而神明、功高。在平时用道德教化人民,危难时用机权拯救人民。只有平素"德明",危急时才能"神妙"。这样,"虽宇宙之大,不离乎掌领"。

张果说,天机是气候的变化,天的杀机就是秋冬肃杀;人机是德与刑的交替,人的杀机就是刑杀。"三要"是机、情、性,认为太公和李筌对"三要"的解释都忘了"机"。所谓性,是"未发之中"。性是生机,情是死机,圣人以道治国修身,就是"立生机以自去其死"。他把静解释为顺应自然之道，无为无不为，动静都符合自然本性。

张果把"三盗"中的"人盗"说成是"人以利害之谋制万物"。他还反对李筌在经注中谈神仙不死。

李筌疏大谈兵事，严厉谴责安禄山、史思明，不及黄巢，可定为出自安史之乱以后，黄巢起义之前。该疏开始以五行释"五贼"，以《列子》中国氏之盗释"三盗"。它认为，天地是阴阳二气，五行是阴阳之子。知天地之道，就可以知国家兴亡、人物生死。它说，贼就是"五行更相制伏，递为生杀"。"人但能明此五行制伏之道，审阴阳兴废之源，则而行之"，这就是所谓"见"。该疏把五行相生说成阳德，把相克说成阴贼。说："三教大师皆用理世，所立经教，只言修善而称道德，不令修恶而称贼害。"说"天发杀机"是"天道生杀皆合其机宜"，如"阴阳改变，时代迁谢"，它反对人妄动杀机，谴责"奸臣逆节，违背天道"，"包藏害心，思图篡夺"。它把"盗机"解释为"窃盗将来以润其己"，说君子盗机修善，是与道相合的。它反对人们害怕"星流日晕"之类，认为只要君主有道，水旱不能成为灾害，国家能治理得好，打仗也可以取胜，因为"存亡祸福皆在于己"。该疏主要谈人事，充满了对人自身能力的赞美。

李筌疏开始抬高《阴符经》的地位，认为长期以来流行的《黄庭经》不足以和它媲美。

宋元时期的《阴符经》注大体可分三类：一类讲内丹修炼，可举《三皇玉诀》为代表；一类讲修养心性，以胥元一注为代表；一类讲儒家伦理，以俞琰注为代表。当然，每一类都不单纯，不过是举其主要倾向。

《三皇玉诀》说：《阴符经》是"长生之路""升天之道"。它的基本内容就是锻炼真气，成丹成仙。"富国安民"是炼气之道，"强兵战胜"是真气战退阴气。人体内也有天地之气、五行之气，许多人不知道。观天之道，就是要懂得这一点，修炼自身以内的精气，得道成仙。它说"固穷"就是固命、固气、不失精。王道渊注也讲内丹修炼。他认为，所谓观天之道，就是要知道天道有水火相交，人身也要水火相交，他把"盗"解释为运用符火之法。托名赤松子等的十人集解本说，观天之道是为了体天法道。它把心肾此作天地上下之位，把体内气液的运动比作天地阴阳升降，以使自己的寿命像天地一样长久。

上述注本也讲心性修养。王道渊说，人为赤子时，本性是善的，这是人的本来面目。他主张"静以修性"，"动以修命"，性命双修，得道成仙。《三皇玉诀》也主张去掉情欲，不失本性。不失本性的办法，就是养护体内的"清阳之气"。

胥元一认为，人都有一个本来安静的本性，后来丧失了。圣人写《阴符经》，是要人们在应事感物之中，悟得本来真性，就像禅家在青竹黄花之中悟得真性一样。然后反本还元，超凡入圣。他把"至乐"解释为"复性之乐"。刘处玄的注本，完全反对炼丹。不仅反对炼五金八石，也反对一切傍门小法。他说，《阴符经》的宗旨，就是要人"依天理""依天道"，常善，常清，常忘情，常不染，不犯天条，全性保真。任照一也持类似主张。他认为，《阴符经》三百言，从头到尾，讲的都是天道始终动静之理，为的是让学者们"执而行之"。行天道的关键，是守一，守静，使精神恬淡，使情归性。情欲，是祸乱的根源。

俞琰注《阴符经》，强调建立诚心。他认为，天道定人，说的是让人建立诚心，去掉人欲，恢复天理，非礼勿视，非礼勿听。其他注本，不少也浸染着儒家的思想。如王道渊说"天道定人"，是让天下人都懂得三纲五常，从而率性修道，克己复礼。

不论上述注家有多少分歧，在他们的思想深处，都保留着《阴符经》的基本精神：人应效法天道，并且应当积极地行动。分歧仅仅在于：什么是天道？人应如何行动？行动起来干什么？

明清时期的注家秉承宋元传统，也各随己意，把《阴符经》纳入他们自己的思想体系。遗风一直传到今天，还有人像《三皇玉诀》一样，把《阴符经》说成是讲气功的书。

《易经》的卦象创造了一套符号体系，《易传》的"大衍之数""天地之数"又谈到了一些数字。卦象和数字都是一些符号，后人可以根据自己的意见，把随便一种什么意义赋予它们。《阴符经》和《老子》一样，谈论的是一般的哲学问题，所以人们也就根据自己的观点，把随便一种具体内容赋予它们。

八、《阴符经》的作者和时代

《阴符经》的作者和时代，大体有两类说法：历代宗教界人士认为是黄帝所作，学者们则有种种不同的意见。

唐代人都相信《阴符经》是黄帝所作，到了宋代，开始出现了不同意见。程颐说：

《阴符经》非商末则周末人为之。若是先王之时，圣道既明，人不敢为异说。及周室下衰，道不明于天下，才智之士甚众，既不知道所趋向，故各自以私智窥测天地。
（《程氏遗书》卷十八）

黄庭坚说是李筌所作：

《阴符经》出于唐李筌。熟读其文，知非黄帝书也。
（《山谷题跋》卷四《跋翟公巽所藏石刻》）

朱熹与黄庭坚的意见相同，并且说明了理由：

《阴符经》恐皆唐李筌所为，是他着意去做，学他古人。……一如《麻衣易》，只是戴氏自做自解。

唐李筌为之。圣贤言语自平正，都无许多崆崎。

(《朱子语类》卷一百二十五)

宋代以后，更是众说纷纭。据王明先生的考察，大致有如下几种：

一、认为是战国或战国以前的书。胡应麟据《战国策·秦策》载苏秦读阴符，认为该"阴符"即今之《阴符经》。梁启超认为《阴符经》思想与《老子》《易传》接近，且文字简洁，不像唐人文字，断定它是战国末年的著作。

二、认为是寇谦之所作。姚际恒据杜光庭《神仙感遇传》，认为一定是寇谦之所作。全祖望也赞同这个观点。

三、余嘉锡《四库提要辨证》认为是东晋杨羲、许谧等所作。

四、杨慎据唐人引用《阴符经》甚少，认为出自汉末。

王明先生一一分析了上述意见后断定：

我推测《阴符经》成书的时代，约在公元531至580这段期间……作者大抵是北朝一个久经世变的隐者，对于天文历算，易、老、阴阳百家之学多所该涉，对历史事件以及当代事变亦能研综①。

其主要理由是：

一、唐初欧阳询、褚遂良等已写《阴符经》，可断定此书出于唐朝以前。

二、《阴符经》"三盗"思想出于《列子》，杜光庭《神仙感遇传》把它和久已风行的《黄庭经》相比，因此应出于《黄庭经》以后。

三、李筌得书时，书匣上题："大魏真君二年……"太平真君二年（441），北魏尚未称"大魏"，到普泰元年（531）才称"大魏"。因此，此书当作于此年以后，隋代北周以前。

王明先生用了"我推测"三字。然而，在没有更充分的理由之前，我们还只能相信王明先生的意见。

《阴符经》早期的版本多不分章。后来分为三章，已相沿成习。这次整理也分为三篇，但去掉了后来所加的篇名。

李 申

---

① 王明《道家和道教思想研究》，1984年，中国社会科学出版社，第146页。

上　篇

【释　题】

"阴符",唐李筌释为"暗合",即暗合于天道。这个解释符合《阴符经》的基本精神。

【原　文】

观天之道,执天之行,尽矣。

【译　文】

眼观着天道,手执着天行,极尽了。

【释　义】

天行,也是天道。天道,指的是自然规律。《阴符经》认为，认真地观察和研究自然规律，掌握自然规律，就能穷尽一切。

【原文】

故天有五贼，[1]见之者昌。五贼在心，施行于天，[2]宇宙在乎手，万化生乎身。

【注释】

[1] 褚遂良大字本无"故"字。
[2] 七家注本、张果本均作"五贼在乎心，施行乎天"。

【译文】

天有五种贼害，谁发现谁就昌盛。五贼装在心里，对天采取行动，宇宙就像握在手里，万物都将由人创生。

【释义】

五贼，就是五行相克。《阴符经》认为，发现和掌握五行生克，就能支配宇宙，创造一切。

【原文】

天性，人也。人心，机也。立天之道，以定人也。

【译 文】

　　天分,是人的根本;人心,是变化的枢机。建立天道,为的是给人规矩。

【释 义】

　　人有自己的天分,天分是人一切行为的基础。人的一切行为都受心的支配,所以说人心是变化的枢机。为保证人们行事正确,需要有个规矩,这规矩就是天道。天道是人发现的,人发现它,是为了制定行为规范。

【原 文】

　　天发杀机,移星易宿;[1]地发杀机,[2]龙蛇起陆;[3]人发杀机,天地反覆。天人合发,万变定基。[4]

【注 释】

[1] 褚遂良小字本"移星易宿"作"日月星辰"。
[2] 七家注本、张果本、郭忠恕本、袁正己本均无"移星易宿,地发杀机"八字。
[3] 俞琰本作"天发杀机,龙蛇起陆;地发杀机,星晨陨伏"。
[4] 褚遂良大字本作"万化定基"。朱熹本同。

【译文】

天发动杀机，星宿移易；地发动杀机，龙蛇腾飞；人发动杀机，翻天覆地。天人一齐发动，万般变化，从此定基。

【释义】

杀机，杀的念头。新念头升起，是思想的转变，所以也叫机。天生万物，天也杀万物。如何杀？使日往月来，斗转星移，万物就老死。地杀万物，使方物飞跃腾越，历尽生命的全程。人的杀机，是改变天地的自然过程，所以说是"翻天覆地"。天地人的杀机，是事物运动交化的基础。所以说"万般变化，从此定基"。

【原文】

性有巧拙，可以伏藏。

【译文】

天分有巧有拙，可以潜伏隐藏。

【释义】

为人：藏巧，可以免忌；藏拙，可以免辱。用兵：藏巧，可以隐蔽实力，伺机进攻；藏拙，可以隐蔽弱点，免遭攻击。总之，藏，可以待机而动，掌握主动权。

【原　文】

九窍之邪，在乎三要，可以动静。

【译　文】

九窍的邪恶，在于三个要道。可让它们行动，也可让它们安静。

【释　义】

九窍是头上七窍加前后阴。三个要道是眼、耳、口。"祸从口出"，口也可以显巧露拙，眼、耳容易被闻、见迷惑，受外物诱惑。但《阴符经》认为，人可以支配它们，可让它们行动、听、看、说，也可让它们安静、不听、不看、不说，等等。

【原　文】

火生于木，祸发必克。奸生于国，时动必溃。知之修炼，[1]谓之圣人。

【注　释】

[1] 褚遂良大字本作"知之修之"。

【译 文】

　　木头生出了火,成祸发作必毁灭;国家出了奸臣,届时行动定溃决。明白此理勤修习,就是圣人。

【释 义】

　　这是教人们防微杜渐,去奸除邪。

中 篇

【原文】

　　天生天杀，道之理也。

【译文】

　　天生万物，天杀万物，是道的天然之理。

【释义】

　　天使万物生，也使万物死，这是天道。天道自然而然，本来如此又秩序井然，所以说是天然之理。

【原文】

　　天地，万物之盗也；万物，人之盗也；人，万物之盗也。[1]三盗既宜，三才既安。

【注释】

[1] 七家注本、张果本、褚遂良本无三个"也"字，欧阳询本无"人，万物之盗也"。

【译文】

天地，是万物之盗；万物，是人之盗；人，是万物之盗。三盗协调了，天地人都安好。

【释义】

盗，盗窃、危害，也意为利用。天旋地转，寒来暑往，万物借此生长，也因此衰亡，所以说"天地是万物之盗"。万物繁盛，人借此生长，生长也是走向衰亡，所以说"万物是人之盗"。人利用万物，所以"人是万物之盗"。利用万物，也利用天时地利，人是万物之盗，同时也是天地之盗。三种盗要协调、适宜，天地人才都安好。不协调，不适宜，如天时不正常，万物有灾害，人任意妄为，天地人就不会安好。

【原文】

故曰：食其时，百骸理；[2]动其机，万化安。

【注 释】

[1] 张果本作"百骸治"。

【译 文】

所以说：饮食适时，遍体安康；行动合机，万事妥善。

【释 义】

时也是机，机也是时。但机又不单纯是时，它是有许多具体内容的时。盗天时地利，也就是行动合机。合机，才能万事妥善。行动合机，和饮食适时一样重要。

【原 文】

人知其神之神，[1]不知其不神之所以神也。[2]

【注 释】

[1] 七家注本、张果本、郭忠恕本、袁正己本"之神"作"而神"。

[2] 七家注本、张果本、褚遂良大字本、郭忠恕本、袁正己本无"之"字，七家注本"不神"作"神"，欧阳询本、郭忠恕本无"其"字，欧阳询本"不知"作"而不知"，其他不一一详介。

【译 文】

人都知道神秘的东西神妙,却不知不神秘的东西神妙。

【释 义】

《易传》说:"阴阳不测之谓神。""不测"就神秘,神秘,人就觉得神妙。天时地利,物的生死盛衰,都不神秘。但不神秘中蕴含着事物的转机。转机是神妙的。

【原 文】

日月有数,大小有定。[1]圣功生焉,神明出焉。

【注 释】

[1]褚遂良大字本作"小大有定"。朱熹本同。

【译 文】

日月运行可以推算,事物大小都有一定。伟大的功业从这里出发,无穷的智慧由这里产生。

【释 义】

日月运行,物形大小,都不神秘。可闻,可见,可测定,可推算。推而广之,一切事物都可测、可知,并不神秘。

不神秘中蕴含着神妙的机。掌握这个机，就能创造伟大的功业，产生无穷的智慧。

【原　文】

其盗机也，天下莫不见，[1]莫能知也。[2]君子得之固躬,[3]小人得之轻命。

【注　释】

[1] 七家注本无"莫不见"，张果本、褚遂良大字本作"莫能见"。
[2] 七家注本，褚遂良大字本、小字本均无"也"字。
[3] 褚遂良大字本、欧阳询本"固躬"作"固穷"。

【译　文】

别人盗来了机，普天下没人看不见，却没人能理解。君子得到了机，身安事成；小人得到了机，轻生玩命。

【释　义】

盗，就是去盗机。机，需要用心去把握。盗来了机，大家都能看得到，怎样盗来的？就很少有人能理解。《阴符经》主张，盗来了机，应能使自己身安，使事情成功，不可胡作非为。

下　篇

【原文】

　　瞽者善听，聋者善视。绝利一源，用师十倍。三反昼夜，[1]用师万倍。

【注释】

[1] 褚遂良大字本"反"作"返"。

【译文】

　　盲人善于听声，聋者善于视物。割舍其他便利，只剩一个来源，用起来就强人十倍。昼夜再三思考，用起来就强人万倍。

【释义】

要抓住时机,需要专心一志,反复思考。专心一志,反复思考的好处,是能收到十倍、万倍于人的效果。

【原文】

心生于物,死于物。机在目。[1]

【注释】

[1]七家注本、张果本作"机在于目"。

【译文】

心思,生于事物,死于事物。转变的枢机是眼睛。

【释义】

眼睛看到了什么,心里起了念头;眼睛又看到了什么,心里又打消了念头。念头,是由事物引起的,也由事物打消。眼睛起到了转换枢机的作用。

【原文】

天之无恩而大恩生。迅雷烈风,莫不蠢然。

【译 文】

天对谁也无恩,却产生了大恩。疾雷狂风,万物蓬勃出生。

【释 义】

恩在此而怨在彼,所以有恩就有怨。天对谁也无恩,却由此生出了大恩。疾雷狂风,并不是要对谁有恩,但万物却因此而蓬勃出生。

【原 文】

至乐性馀,[1]至静性廉。[2]

【注 释】

[1] 褚遂良大字本"馀"作"愚"。
[2] 欧阳询本、褚遂良小字本、郭忠恕本"性廉"作"则廉"。

【译 文】

最大的快乐,是本性闲适;最高的安静,是没有贪欲。

【释 义】

没有贪欲就会闲适,闲适就没有贪欲。无欲、闲适:对己,是最大的快乐和最高的安静;处事,就会像天对待万物一样,对谁都无恩,却能产生大恩。

【原 文】

天之至私,用之至公。

【译 文】

天最自私的地方,用于处事却最公。

【释 义】

天对谁也不仁慈,不为了谁,也不和谁亲近,这就是只为自己。这也是天最自私的地方。但正因为天对谁也不亲,对谁也不疏,所以最公平。一个国君,假如只为自己,就会对大家一视同仁、公平正直。国君不公,往往是有亲有疏,厚此薄彼。他似乎为着别人,却因此失了公平。

【原 文】

禽之制在气。[1]

【注 释】

[1] 张果本"禽"作"擒"。

【译 文】

飞禽的凭借是大气。

【释 义】

飞禽凭借大气，可高飞，可翱翔，可克敌制胜。人的行为也应有所凭借。人则凭借自己的智慧，凭借对天道的认识和对事物转机的把握。

【原 文】

生者死之根，死者生之根。恩生于害，害生于恩。

【译 文】

生，是死的根源；死，是生的根源。恩惠生于危害，危害生于恩惠。

【释 义】

旧的死去，新的才能产生。出生的东西又必然死去。自己死是为了别人生。有人为了自己生，却让别人死。生生死死，互为根源。爱、恩惠会腐蚀人、危害人、毁灭人；危害也会使人发愤，给人造成意想不到的机会。《阴符经》深刻反映了事物自身的辩证法。

【原 文】

愚人以天地文理圣，我以时物文理哲。

【译 文】

愚蠢的人惊叹天文地理伟大神圣；我凭借当时事物的情理，变得聪明。

【释 义】

只赞美天地的伟大，会忘了自己应该做什么，这是蠢人。聪明人凭借对事物的了解，立足于自己的努力。

【原 文】

人以虞愚，我以不虞。人以期其圣，我以不期其圣。[1]

【注 释】

[1] 张果本作："人以愚虞，我以不愚圣。人以其期圣，我以

不期其圣。"褚遂良大字本作："人以愚虞圣，我以不愚虞圣。人以奇其圣，我以不奇其圣。"朱熹从褚遂良，略有改动，后世又多从朱熹。本书不敢从后，兹从七家注本。

【译 文】

人们喜欢猜测，所以愚蠢；我不进行猜测。愚人用猜测企望达到圣明；我用不加猜测企望达到圣明。

【释 义】

猜测，是投机钻营、寻缝觅隙者流，仅可奏效于一时一事，成不了大器。《阴符经》主张从对自然规律的认识，对当时事物情理的了解，对机的把握中，使自己料事如神，处事如圣。

【原 文】

故曰:[1]沉水入火，自取灭亡。[2]

【注 释】

[1] 褚遂良大字本无"故曰"。
[2] 欧阳询本、褚遂良小字本、郭忠恕本、袁正己本均无"人以愚虞……自取灭亡"。

【译 文】

所以说,陷入深渊,掉进火坑,都是自取灭亡。

【释 义】

陷入深渊,掉进火坑,不是愚蠢,就是不了解情况。原因在己,所以是自取灭亡。

【原 文】

自然之道静,故天地万物生。天地之道浸,故阴阳胜。阴阳相推而变化顺矣。[1]

【注 释】

[1] 七家注本无"而"字,褚遂良大字本无"相"字。

【译 文】

自然之道,寂寥宁静,天地万物不断生生。天地之道不知不觉地作用,一会儿阴胜,一会儿阳胜。阴阳交替推移,变化就有条有理。

【释 义】

道就是自然之道。天地之道也就是自然之道。道无声无息，但正是它推动着天地万物生生不断。天地万物分阴分阳。"一阴一阳之谓道。"（《周易·系辞传》）一阴一阳，就是阴阳的交替推移。这种交替推移是慢慢地、逐渐地进行的，像水的浸润，不知不觉，你进我退，此胜彼负。万物就这样生长变化，有条有理。

【原文】

是故圣人知自然之道不可违，因而制之。[1]

【注释】

[1] 欧阳询本、褚遂良小字本、郭忠恕本、袁正己本均无此段。

【译文】

所以，圣人知自然之道不可违背，因而就驾御利用它。

【释义】

自然规律不能违背，人们只能利用它。

【原文】

至静之道，[1] 律历所不能契。[2]

【注　释】

［1］七家注本"静"作"净"。

［2］欧阳询本、褚遂良小字本"历"作"吕"。元阳子《黄帝阴符经颂》本此下有"鸟兽之位也"五字。

【译　文】

　　这极端宁静的道，音律无法把它描述，历法不能和它相符。

【释　义】

　　至少从战国时代起，中国古人把十二音律和十二月相匹配。他们认为，一年四季十二月寒暑交替，是由于阴阳二气的消长运动。用一定数学方法得出的音律，既然能和十二月匹配，就是对阴阳二气运动的描述，而阴阳二气的运动就是道。历法描述的是日月五星的运动，日月五星的运动是天道。《阴符经》认为，音律和历法都无法描述道，因为道的内容要复杂得多，丰富得多。

【原　文】

　　爰有奇器，是生万象。八卦甲子，神机鬼藏。

【译文】

　　有个最奇妙的东西,产生了一切现象。《周易》八卦,天干地支,藏着神妙的机,藏着莫测的谋。

【释义】

　　《周易》六十四卦,基础是八卦。《易传》说《周易》讲的是道,包括天道、地道、人道。所以《阴符经》说,其中藏着神妙的机和莫测的谋。汉代开始,人们把天干地支和八卦、六十四卦相配使用,所以讲八卦也带上天干地支。

【原文】

阴阳相胜之术,昭昭乎尽乎象矣。[1]

【注释】

[1] "尽"字,除褚遂良大字本外,均作"进"。然七家注本注道:"鬼神之情,阴阳之理,昭著乎象,无不尽矣。"可知该本认"进"为"尽"。

【译文】

　　阴阳相胜之道,明明白白,都由现象表现出来。

【释 义】

原文为"阴阳相胜之术",术也是道。阴阳推移,一胜一负,都清楚明白地表现于各种现象。人要在斗争中获胜,也只有从研究现象入手。

校 序

《阴符经》版本繁多，大体分两类：一类四百余字；一类三百余字，缺"人以愚虞……"以下百余字。通行的七家注本、张果本、欧阳询本、褚遂良本、郭忠恕本、袁正己本，均四百余字。李筌疏本、十人集解本三百余字。后世诸家或从前者，或从后者，有的甚至率意增删和改动文字，此次校订，不敢引为根据。此次校订所据主要包含李筌注的七家注本、张果注本、欧阳询写本、褚遂良书大字本、褚遂良书小字本、郭忠恕三体书石刻本、袁正己书石刻本。

褚遂良书大、小字本，其真伪颇多争论。然该写本已载于宋楼钥《攻媿集》、陈思《宝刻丛编》和无名氏《宝刻类编》，朱熹《阴符经考异》也有所称引，是为较早的写本无疑，故作为校订的依据。

原文曾承甘肃博物馆秦明智、张东辉同志据郭忠恕三体书碑拓本校订一遍，特此致谢。此后我又在北京图书馆金石拓片部据郭书将原文校过。不免仍有错误，敬请读者指正。

朱熹等人曾对原文进行过整理和校订，必要时也注明他们的意见。

李　申

1989 年 9 月 13 日

佚 文

此文仅见于唐吴筠《宗玄先生文集·形神可固论·守神篇》,诸本均不载,故附录于此。

经冬之草,
覆之不死,
露之见伤。

后 记

书稿写成后，呈王明先生审阅。王明先生不仅认真审阅原稿，而且提出了具体的改进意见。因此，这本小书包含着王明先生的劳作。谨致谢忱，书不尽意。

李 申
1990 年 1 月 4 日